JN134046

THE WORLD'S TOP 1%

"INFALLIBLE"

SALES METHOD

世界トップ1%の“一生断られない”営業法

ストレスゼロ、“魔法の一言”で契約数が劇的に伸びる！

(株)ウイッシュアップ代表取締役
牧野克彦
Makino Katsuhiko

大和出版

はじめに

私の手法が時代を超えて通用する理由

「『一生断られない営業法』？　しかも『ストレスゼロで、契約数が劇的に伸びる』だって？　そんなことあるわけない」

おそらくあなたは、この本のタイトルを見てこう思われたことでしょう。

その気持ち、よくわかります。でも、本当なんです。

まずは、自己紹介をさせてください。

私は、生保営業の世界に入って25年になります。あるとき、この「一生断られない営業法」に出会ってから、ソニー生命のある支社で7年連続№1になりました。その後、独立してからはさらに成績がアップしています。

そして、今も現役の生保営業マンとして活動し、業界で世界トップ１％の成績を残した営業マンだけが参加できる世界組織「ＭＤＲＴ」の基準を24回連続達成。

さらに、現在では年間20日～30日の営業日数で「ＭＤＲＴ」の約３倍の成績を成し遂げています。

ここで、あなたは次のように思われたかもしれませんね。

「それは、あなたによっぽどの営業センスがあったからでしょ？」

そんなことはありません。それどころか、この手法を発見する前の私は、まさにどん底であえいでいる典型的なダメ営業マンでした。

訪問すればするほど見込み客を潰してしまう。「断り」が怖くてお客様にアポイントの電話すらできない。気づくと、商談しようにも見込み客がどこにいるのかさえ分からない。

「とにかくお客様のきつい断りに耐えられない」

心も体もボロボロになった私は、ついにある心理カウンセラーのもとへ通うようになったのですが、転機が訪れたのは、それから数カ月たった頃のことです。

いつものようにカウンセラーと会話している中で、

「断りが嫌だったら、断りが出ないような言葉を投げかければいい」

ということに気がついたのです。

詳しくは本文をお読みいただくとして、この気づきによって「一生断られない営業法」を確立して以来、私の営業マン人生は根底から変わりました。

毎月の契約件数は業界（生命保険）平均の６倍以上。商談になったお客様の90％以上と契約ができるようになったのです。

「いやいや、そんなこと誰もができることではないですよね？」と、それでもあなたは内心思っているはずです。

ここで、私の手法がいかに汎用性があるのか、その証拠をお見せしましょう。

私は14年前から研修講師を始め、延べ2万人の受講生に「一生断られない営業法」をお伝えしてきました。すると、その**ほとんどすべての人たちが「売れる営業マン」へと変貌したのです。**見込み客が増え続け、お客様のほうから「あなたの話を聞きたい」と連絡が来る。実際に商談すると、まったく営業らしいことをしていないのに契約になってしまう。

皆、「夢のような世界が手に入った」と言っています。

以下に、この手法を実践し、売上が飛躍的にアップした受講生の喜びの声をごく一部紹介しましょう。

●1年間の契約数が20件から160件にアップ。8倍になりました（生保営業マン）

●契約1件あたりの年間保険料が平均36万円から100万円を超えました（生保営業マン）

●新規開拓「0」だったのが、毎月2件できるようになりました（歯科機材営業マン）
●店の売上げが対前年比180％になりました（アパレル店長）
●従来の1・5倍の受注を獲得しました（印刷営業）
●実践して6カ月。車検台数が月40台から60台になりました（自動車修理工場）

以上のように、「一生断られない営業法」を実践しただけで、じつにたくさんの人が驚くほどの実績を上げているのです。

ちなみに、「一生断られない営業法」では売り込みはしません。トップ営業のような流暢な営業トークも不要です。必要なのは、**お客様からの「断り」を出さない「魔法の一言」とその後のだれにもできる「簡単な仕組み」だけ。**

「信じられない……」

ここまで読み進めたあなたは、それでもまだそう思っていることでしょう。

そこで、あなたに質問です。

お客様は、立て板に水を流すような素晴らしい営業トークを望んでいるのでしょうか？

お客様は、ものすごい営業テクニックを望んでいるのでしょうか?

お客様は、営業マンにはやしたてられて契約したいのでしょうか?

もし、あなたの答えが「YES」なら、この本はあなたのお役に立たないと思います。

もし、あなたの答えがすべて「NO」なら、もう少しこの先を読んでください。

じつは、社会人になってから営業一筋の私が、今でも口にできない言葉があります。

それは「契約してください」と「だれか紹介してください」という2つの言葉。

しかし、今ではこれでよかったと思っています。

そんな私だからこそ、「一生断られない営業法」が誕生したのですからね。

繰り返しになりますが、「一生断られない営業法」では、**特別な営業の才能も素晴らしい営業トークも強引な押しも全く必要ないし、「契約してください」とか「だれか紹介してください」などという必要がありません。**

本当に「魔法の一言」と「簡単な仕組み」だけで「売れてしまう営業」に変わるのです。


さて、じつはこの本は、今から約10年前に刊行した本を加筆修正したものです。

リニューアルをして、再び世に出そうと思ったのには理由があります。

それは、私が生み出した「一生断られない営業法」は、どんな時代にも通用するものだと確信しているからです。その最大の理由はズバリ、**お客様にも営業マンにもストレスがかからないから。**だから、スムーズに売れるのです。

実際に、私はこの手法を今も変わらず実践し、保険営業マンとして確固とした地位を築いています。また、先ほども申し上げたように、この手法を伝授した受講生たちも、驚くような実績を上げています。

そう、時代を超えて売れ続けるようになる手法、それこそが「一生断られない営業法」なのです。

さあ、次に「一生断られない営業法」を活用して「売れる営業」になるのはあなたです。「魔法の一言」と、だれにでもできる「簡単な仕組み」を実践すると、見込み客が増え続け、お客様のほうから「契約したい」と連絡が来るようになります。

そんな「売れる営業」の仲間入りをしたいあなた。

さっそく本文でお会いしましょう！

牧野克彦

目次　世界トップ1%の〝一生断られない営業法〟

第1章

一挙公開、これが「一生断られない営業法」の全体像だ！

第2章 お客様からの断りがなくなる！〝自己紹介＆確認の一言〟

第3章

自然と「買う気」になってくる！〝後から客〟を囲い込む方法

第4章

クロージングしないで契約になる！商談のスムーズな進め方

第5章

じつにシンプル、このフォローで「紹介の輪」が驚くほど広がる！

おわりに

「売れる営業」から「売れ続ける営業」になるために大切なこと

本文デザイン・図案作成／戸塚みゆき（ISSHIKI）
DTP／一企画

序　章

たった1つの〝気づき〟が、私を世界トップ1%の営業に導いた！

1 アポイントすらとれず、喫茶店に逃げ込む毎日

「あなたから生命保険の話を聞く義理なんてありません」

「私、生命保険って嫌いなの。だから生命保険を売る人も嫌いです」

「生命保険は頼まれていっぱい入っているんだ。だから、もういいよ」

「いきなり訪問してきて『生命保険の話を聞け』なんて、どれだけ厚かましい人なの」


トヨタの自動車販売ディーラーからソニー生命に転職して6カ月。

それまでは知人や友人、さらにはトヨタ時代のお客様に営業をかけていたため順調に数字を上げていた私も、この頃になると、さすがにそのストックも底をついてきました。

「このままでは契約数が激減する。何とか新規を開拓しなくては……」

焦りが出てきた私は、さっそく新規を開拓すべく、まったくコネのないお客様に電話をしたり、訪問をしたりということを始めました。

しかし……。

いくら電話をかけてもアポイントがとれない。50件電話して1件アポイントをとるのがやっとでした。しかも、何とか会うことができたとしても、話さえ聞いてもらえません。訪問にいたっては、ほぼ全滅状態。何件回っても門前払いされるのがオチでした。

追いつめられた私は、ソニー生命に転職した当初に連絡がとれなかったトヨタ時代のお客様にも声をかけました。

「久しぶりに電話をしてきて『今すぐに生命保険の話を聞け』なんて、あなた厚かましいわね」

「自動車保険ではお世話になったけど、生命保険は関係ないから電話してこないで」

「何でまた生命保険会社になんか転職したの？　トヨタで何かあったの？」

いくらアタックしてもお客様とのアポイントがまったくとれません。当然のことながら毎週、契約「0」が続いていました。

その当時、私の毎日の行動は、朝家を出て1軒めの喫茶店。1時間くらいたつと居づらくなるので、２軒めの喫茶店。

午前10時からはパチンコ店に入り、夕方までパチンコをしていました。

お金がないときは、河原で寝転がっていました。

妻や家族に心配をかけたくないという思いで毎朝、元気よく家を出るのですが、訪問するお客様はいません。

いつの間にか私は、ソニー生命を辞めることを考えていました。


「どうしよう。俺もたった半年で終わりかあ」

「偉そうに威勢よく前の会社を辞めてきたけど、もう終わりかあ」

「この６カ月の間に契約してくれたお客様に何といって言い訳しよう」

「妻や子どもに何といおう」


そんな考えが頭のなかを駆け巡っていたのです。

2 私の一大転機となった、ある一本の電話

さて、ここで私のそれまでの営業マン人生について簡単に触れておくことにしましょう。
私は大学を卒業して、トヨタの自動車販売ディーラーに就職したのですが、ありがたいことに入社後7年めからは毎年、県下でトップ3に入賞するような営業マンになっていました。

31歳で営業所長代理、そして33歳で営業所長に昇進。
順調な営業マン人生を送っていました。
そんなある日、私のもとに一本の電話がかかってきたのです。

スカウト「こんにちは、はじめまして。ソニー生命の○○といいます。今日は牧野さんにヘッドハンティングの件で電話しました」

私　「何のことですか？」

スカウト　「牧野さんがすごい営業マンだとお聞きしたので、一度お目にかかりたいのです。そして、まずは弊社のことを知っていただきたいのです」

こんなやりとりがあって、ソニー生命の方と会うことになりました。

お聞きしたのは、当時の私にとっては夢のような話ばかりです。

ソニー生命では生命保険の営業にチャレンジする人のことを「アントレプレナー（独立起業家）」と呼んでいました。

アントレプレナーとは会社に属して働くのではなく、自分で未来を切り開いていく人のことです。

だから「貢献＝報酬」を謳い文句にしていました。つまり、収入が契約高に直結するのです。しかも、「働く時間も牧野さん自身で決めてくださってけっこうです」とのこと。

とてもやりがいのある仕事です。

私は、その夢のような話にすっかり魅了されてしまいました。かといって100％歩合の仕事に対して、とても不安があったのも事実です。だから転職のお誘いをいったんはお断りしました。

しかし、それ以来、私の頭の片隅には、いつもソニー生命の話がありました。

「怖いけど、チャレンジしてみたい。自分がどこまでできるのか試してみたい」

私からその思いが消えることはありませんでした。

そして1年後。

ついに私はソニー生命に転職する決断をしたのです。

もちろん、営業マンとしての自分には多少の自信もありました。

トヨタのディーラーに勤めていたのでクルマを売るのは当然のこととして、それに付随して自動車保険の販売もしていたし、年に2回行われる積み立て傷害保険などの販売コンテストでも毎年、県内でトップクラスの成績を収めていたため、「生命保険でも大丈夫」とタカをくくっていたのです。

さらに当時、トヨタでのお客様はすでに1000人を超えていました。

「これまでクルマを買っていただいたお客様にお願いすれば何とかなる」

今にして思えば甘い考えとしかいいようがないのですが、こんなある種の思い上がりもあって、私はトヨタの営業所長の地位を捨ててソニー生命に転職することにしたのです。

3 並の営業マンの5倍の売上げ。順調すぎるスタート

さて、勇躍ソニー生命に転職した私でしたが、幸運なことにスタートは順調そのものでした。

1カ月めは28人から契約をいただきました。

おかげで初年度手数料は290万円（フルコミッション型で生命保険の営業をしている場合は、契約ごとに手数料が営業マンに支払われます。契約後、最初の1年間の手数料を「初年度手数料」、契約後2年め以降に支払われる手数料のことを「継続手数料」といいます。この初年度手数料が契約後1年間の収入となります。ただし、転職後の2年間は保証給があるので、その2年間は初年度手数料がそのままもらえるわけではありません。私の場合は、かなり減額された額が収入となっていました）。

当時のソニー生命の営業マンの1人当たり1カ月の平均契約人数は月5人、平均の初年度手数料は60万円だったことを考えると、これは最高のスタートを切ったといってもよい

と思います。

2カ月めは25人、初年度手数料140万円でした。

「何だ簡単じゃないか。こんなことなら、もっと早く決断していればよかった」

そのときの私は意気揚々としていたものです。

先にもお話したように、私にはトヨタ時代のお客様が約1000人いたうえに、友人や知人も200人以上いました。

「電話できる先はいくらでもある。紹介なんていらない。今のままで十分だ」

そんな生意気な気持ちでいたものですから当然、紹介はほとんど出ていませんでした。

また、紹介を依頼することもありませんでした。それでも順調に契約ができていたのです。

転職をして5カ月経過したときには契約者は累計108人、初年度手数料累計は810万円になっていました。

これは同期入社のなかでもトップクラスの成績です。

まさに順風満帆。

愚かな私は、「このまま何の心配もなくスムーズに進む」と確信していたのです。

4 一転、天国から地獄へ。お客様からの断りが怖い！

しかし、そんな私の好調なペースも長くは続きませんでした。

この章の冒頭でもお話したように、転職して6カ月がたった頃、電話をかける知人や友人、トヨタ時代のお客様のストックが底をついてしまったのです。

こうなると、それまでまったくコネのなかった新規のお客様を自ら獲得するしかありません。

しかし、いくら電話や訪問をしても、まったく契約につながらないどころか、お客様からきつい断りのセリフをいわれてばかり。

私が**「断り恐怖症」**になるのに、そう時間はかかりませんでした。

そう、お客様からの断りの恐怖に、心も体も完全に萎縮してしまったのです。

私がお客様に電話をかけようとすると、もう1人の自分がささやきます。

「きっと今の時間帯は忙しいはずだから、後から電話しよう」

「今、焦って声をかけて断られるよりも、もう少し待ってから電話しよう」

しかし、その一方で、

「このまま商談のアポイントをとらないと飯が食えなくなるよ。がんばって電話しなきゃ」

とささやく私も同時に存在するのです。

「いったいどうしたら……」

そんなことで悩んでいる自分自身にさらに落ち込んだり、ダメ出ししたり。

こんなことを毎日繰り返していました。

1週間、2週間とたっても電話ができません。

マネジャーから、「いったいどうしたの？」「何があったの？」と尋ねられても、自分でも答えがわからないのです。マネジャーは一生懸命、叱咤激励してくれるのですが、それが逆にストレスとなって私に襲いかかります。

眠れない日が続きました。

私は悩んだ末、思いきってカウンセリングを受けることにしました。そして、以前から知っていた心理カウンセラーのもとに通い始めたのです。

幸か不幸か、私はお客様とのアポイントがほとんどなかったので、通常週1回のところ、週に2回は通っていました。

心理カウンセラーの方は自分から話すことはありません。私が黙っていると1時間一言も話さないで過ごすこともあったほどです。

その沈黙の時間にいろいろな思いが頭のなかを駆け巡ります。そして、自分から少しずつ話すようになっていきます。

面白いもので、自分で言葉にすることによって、頭のなかで混沌としていた問題点や悩みが表面に出てきます。つまり、頭のなかが整理されてくるのです。

そして3カ月くらい通った頃でしょうか。

突然、一気に霧が晴れたのです。

それは、

人は、興味のないことや必要としないものを売り込まれると逃げ出したくなる。

だから、売り込もうとすると売れない。


こんな当たり前のことでした。

「あれ、これって私がトヨタの営業所長時代に、部下にいっていたことじゃないか。何でこんなことを忘れていたのだろう？」

恥ずかしいという思いと、大切なことを思い出した充実感で心がいっぱいになったことを今でもはっきり覚えています。

このことに気づく前の私の営業スタイルは、アポイントの段階から強引だったので、厳しく断られるのも当然といえば当然でした。

さらに商談のプロセスも強引でした。

①自分が気に入っている生命保険の素晴らしさを、説明を装った方法で一方的に売り込む
②お客様が今加入している生命保険を中立的に確認するフリをしてけなす
③もっと素晴らしい保険があるからといって強引に商談のアポイントをとる

こんな流れでした。

その商談には、お客様の不安や夢、お子様への思いをじっくりと聞くというような心の余裕はまったくといってよいほどありません。

　ましてやお客様が今、生命保険に興味をもっているのかどうかということについて、言葉としてはお聞きしているのですが、本当にお客様のことを気遣ってお聞きしていたのではなかったようにも思います。

「これでは断られるのも当然だ」

　時間はかかりましたが、こうして私はあらためて自分の誤りに気がつくことができたのです。

5

自分がお客様にできることを伝える。ただそれだけでいい

さて、自分が間違っていることに気づいた私ですが、大変なのはここからです。具体的に何をどのように変えたらよいのかがわかりません。

そこで営業に関する本を読んだり、成績のよい先輩やマネジャーに話を聞いたりと試行錯誤の毎日が続きました。

そんなある日のこと。

あるお米屋のご主人と話をしていたとき、こんなことをいわれました。

「牧野さん、私はお客様においしい米を提供する米屋の仕事が大好きなんです。この米をご覧ください。これは、そんな私が今まで食べたなかで一番おいしい米なんです。私の大切なお客様に食べてほしくて、新潟まで出向いて直接買い付けしてきた米です。きっと気に入ると思うから、ぜひ一度食べてみてくださいね」

私は、思わずこういっていました。

「一度食べてみたいです。売ってください」

このお米屋のご主人は、「自分が食べておいしかったのでお客様にも食べてほしい」といっているだけ。そんな単純な話に、私は自ら買いたいと申し出ていたのです。

このとき、私が感じたのは、「ご主人はよほどこの米が気に入っているんだろうなあ。そして本当においしいんだろうなあ。一度食べてみたいなあ」ということです。

そして、さらに感じたのが、「わざわざ新潟まで買い付けに行くとは、なんていい人なんだ」ということでした。

そのとき突然、ひらめいたのです。

「自分がお客様にできることを素直に伝える。私に足りないものはこれだ!!」

このことがあってから、私は「生命保険の営業の場合、何といえばよいのだろう?」ということばかり考えていました。

そして、ようやく私なりに答えを見つけました。

それは、**「売り込みをやめよう。そして自分の思いをお客様に話そう」**ということです。

ちなみに、お客様に話すことは、以下の３つです。

①私が生命保険の仕事が大好きであること
②生命保険はお客様の人生に役立つ商品であること
③私がお客様に対して貢献したいこと

しかし、電話すらできない状態の私に、わざわざ会ってくれる新しいお客様はいません。そこで、今まで契約していただいたお客様を訪問することから始めました。

そのうえで、

「こんなことを話す営業マンが来たらいかがですか？　正直な感想を教えてください」

とお願いすることにしました。

話が長いと聞いてもらえないので、**「1分間」**と決めました。この1分間で、3つのことをムダなく効率よく話すために、自分自身をビデオに撮って毎日何時間も練習しました。

さあ、いよいよ本番です。

私は、毎日5人以上のお客様を訪問して話を聞いていただきました。そして1人ひとりから感想や改善点を聞いていったのです。

6 「ある一言」を付け足すだけで、お客様の反応が激変！

「もしかすると、これはいけるかもしれない」
そんな自信ができてきたのは、訪問を始めて2週間以上がたってからのことです。
しかし、私に会ってくれる新規のお客様は相変わらずいません。
そこで、しかたなく今までに断られたお客様にあらためてアポイントのための電話をすることにしました。

私「お世話になります。牧野です。以前に一度お断りを受けているのですが、あらためて勉強したことが3つあります。一度私の話を聞いていただけないでしょうか？」

お客様「また電話なんかしてきて、しつこいね。もう二度と電話してこないで」

お客様「前にも一度断ったでしょう。今さら何いってるの」

すでに一度断られているお客様です。当然のように断りが続きました。

しかし、捨てる神あれば拾う神あり。

ありがたいことに、3割のお客様が新たにアポイントをとらせてくれたのです。

私は、この3割のお客様に全力で3つのことを話しました。言葉が変わっただけではなく気持ちも大きく変わっていたからでしょうか。思っていた以上に反応がよいのです。

最初の30名の方の反応は、

「そんな話なの。だったら聞いてもいいよ」

「最初からそういっていれば前のときにでも聞いてあげたのに」

このような方が15名。

もちろん、すべてのお客様がOKというわけにはいきません。

残りの15名のお客様の答えは、

「いい話だと思うけど、今すぐといわれても困るわ」

「時期が来たら、こちらから連絡するよ」

「知り合いの人から入っているから、今はダメ」

こんな反応でした。

「やっぱりダメか……」

落ち込んだ私は再度、心理カウンセラーのもとへ相談に行くことにしました。

そして、このときのカウンセラーとのやりとりが、私の運命を変えることになったのです。

ここからは私とカウンセラーとの会話の再現（概略）です。

私「今、私は自分がお客様にできること、役に立てることを素直に話そうと思って、一度断られたお客様を再度訪問しています。会っていただいたお客様に一生懸命話しているのですが、思うように進まなくて、また悩んでいるんです」

カウンセラー「何をどのように悩んでいるの？」

私「あらためて話を聞いていただいたお客様の半分に断られているんです」

カウンセラー「具体的には何ていわれたの？」

私「『今すぐといわれても困るわ』『時期が来たら』『今はダメ』などといわれました」

カウンセラー「そのお客様は本当に断っているのかしら？　本当に話を聞く気がない人は、何というと思いますか？」

私「きっと『興味がない』とかとか『聞く気がない』というでしょう。『今すぐといわれても困るわ』とか『時期が来たら』とはいわないでしょうね。あっ、そうか！　お客様は『時期』のことをいっているだけなのかもしれないですね。ということは……。もしかしたら、断っていないのかもしれません」

カウンセラー「そうかもしれませんね。時期のことをいっているお客様は、時期が来れば買ってくれるかもしれませんね」

私「そうなればいいですね。気がラクになりました。では、『興味がない』とか『聞く気がない』と答えたお客様に対しては、何かいい方法はありませんか？」

カウンセラー「牧野さんは、そういうお客様にどんな答えをしてほしいのですか？」

私「そうですね……。そのときはムリでも、『次にチャンスが残るような答え』であればいいですね」

カウンセラー「だとすれば、その答えを引き出すための言葉を考えればいいじゃないの？」

私「そうですね。きっと何かいい言い方があると思います。そうか！　そのことを考えればいいのですね」

私は必死に考えました。

すると、何日かが経過したときに、フッと**「ある一言」**が思い浮かんだのです。

「もしかしたら、この一言は使えるかもしれない！」

さっそく使い方や使う場面をいろいろ試してみたところ、最初に1分間話した後に「ある一言」を付け足すだけで、お客様の反応が激変することに気がついたのです。

なんと、お客様がその場では断らない――。

具体的には、それまでだったらそこから先へ進めなかった話が、次へとつながるようになったのです。

7 「一生断られない営業法」で、再びトップ営業に！

「ある一言」を見つけてから、私は急に元気になりました。

そして、それにつれて再び営業成績も上がっていったのです。

今まで断りの恐怖で萎縮していた私の心と体が、「ある一言」を見つけたことで変わっていくのが自分でもはっきりとわかりました。

「『ある一言』があれば、その場では断られることがない」

そう思うと、お客様を訪問するのがとても楽しくなっていきました。また、来店いただいたお客様にも安心して商談ができるようになりました。

明るくお客様と接すると、お客様も元気になるようです。お客様との面談数も、絶好調だった頃の私以上に増えていきました。必然的に契約数が大幅にアップしたことはいうまでもありません。

結果的に1年めの私はゴールデンルーキー（新人賞の最高位）とＭＤＲＴ（世界トップ

1％の成績を達成した営業マンだけが入会できる会で、アメリカのシカゴに本部がある世界組織）の基準をクリアすることができました。

その後も好調は続き、ありがたいことにMDRTは24回達成しています。

それもこれも、すべては「ある一言」を見つけたことと、それを活かす仕組みをつくりあげられたことのおかげというしかありません。

そう、「ある一言」をもとに構築した「一生断られない営業法」が、私の営業マン人生、そして私の運命を劇的に変えてくれたのです。

では、「一生断られない営業法」とは、具体的にはどんなものなのか？

次の章では、「一生断られない営業法」の全体像とそのメリットについて解説していきたいと思います。

第1章

一挙公開、これが「一生断られない営業法」の全体像だ！

1 「一生断られない営業法」を形成する4つのステップ

私の営業スタイルをガラリと変えただけでなく、数字まで飛躍的に伸ばしてくれた「一生断られない営業法」――。

この「一生断られない営業法」は4つのステップからできています。

それぞれのステップについて順に見ていくことにしましょう。

ステップ① ―― 自己紹介&確認の一言

お客様に初めてお会いさせていただいたときというのは、まず挨拶をして、名刺交換をします。

ここまではよいとして、あなたはそのまま一刻も早く商談に入ろうとしていませんか?

もし、あなたが日頃そのようにしているのであれば、営業でお困りかもしれませんね。

「一生断られない営業法」の全体像

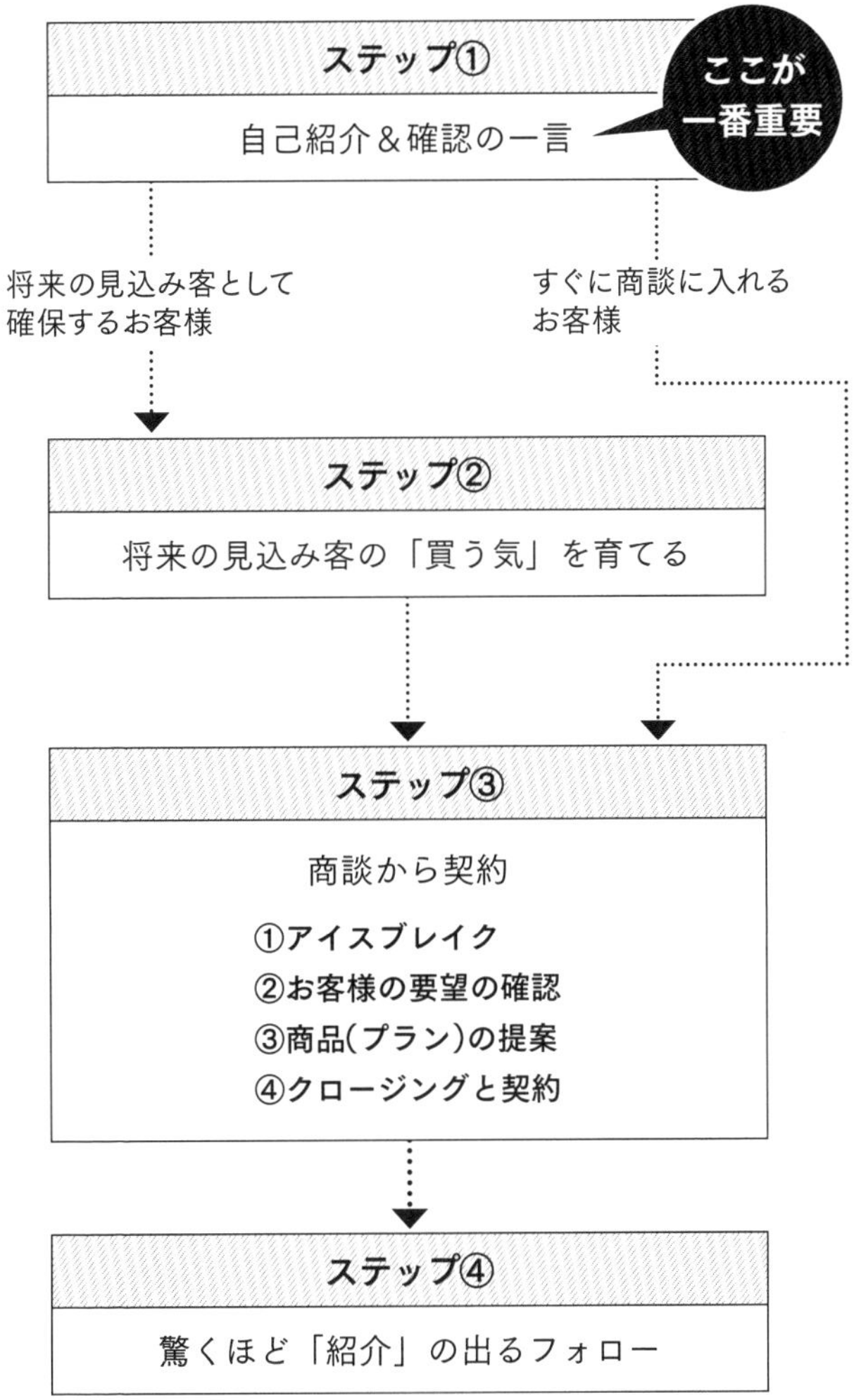

なぜなら、**お客様はよく知らない営業マンの話に耳を傾けることはない**からです。ましてや、そんな営業マンから商品やサービスを買うことはありません。

だからこそお客様に自分のことを知ってもらうための自己紹介が必要になるのです。

序章でも少しお話しましたが、私は、自分を知ってもらうために「1分間」で自己紹介をすることにしています。

自己紹介の目的は2つあります。

①お客様の警戒心を解く

②自分のことを知ってもらう

つまり、この段階では、お客様の警戒心を解いて、自分のことを知ってもらうことができれば十分だということです。

自己紹介が終了したら、序章でお話した「ある一言」をお客様に投げかけます。

私はこの「ある一言」のことを**「確認の一言」**と呼んでいるのですが、これには「そのときのお客様の反応で、お客様を選別することができる」という効果があります。

具体的には、以下の２つです。

①すぐに商談に入れるお客様

②将来の見込み客として確保するお客様

これがわかると、お客様への対応が明確になります。

①のお客様に対しては「では、さっそく説明をさせていただきます」といって、その場で商談に入ればよいでしょう（ステップ③へ進む）。買う気のあるお客様だけを選別して、すぐに商談に入るのですから、成約率は格段にアップします。

②の将来の見込み客として確保するお客様には、商談に入らずに囲い込み（ステップ②）をする、すなわち徐々に「買う気」になってもらえるようにフォローしていきます。

ここであなたは、あることに気がついたかもしれません。

そう、**この「確認の一言」を使うと、いずれにしても目の前のお客様が「見込み客（または将来の見込み客）」になる**のです。

このお客様の選別ができれば、ステップ①は終了ということになります。

ステップ②――将来の見込み客の「買う気」を育てる

このステップでは、「とりあえず今は必要ない」という反応をしたお客様に対するフォローをしていくことがメインの行動になります。

つまり、お客様の「買う気」を育てて、必要になったときに声をかけてもらう仕組みをつくる、ということです。

突然ですが、ここであなたに質問です。

あなたは、お客様がいつ買う気になるか答えられますか?

残念ながら、どんなに親しいお客様でも、いつ買う気になるかということについては予測不可能です。

では、どうすればよいのか?

私は、一方的でもよいから、常にお客様に対して**「情報提供」**をしておくことをおすすめします。

想像してみてください。

あなたが、ある商品を買う気になったとします。

そんなとき、あなたはどんな営業マンに連絡をしますか？

よほど悪い印象をもっていないかぎり、接触回数が多い、あるいは多少なりとも知っている営業マンに連絡しますよね。

ちなみに、日頃から情報提供をしておくことには、２つの意味があります。

①常に何かが届いているので連絡先がすぐにわかる
②お客様のほうで、自然に親近感をもってくれるようになる

詳しくは第3章でお話しますが、情報提供をするといっても、基本的にはわざわざ訪問をしたり電話をしたりなどといったことをする必要はありません。

何より、そんなことをされたら、お客様にとっても迷惑なだけですよね。

ご安心ください。

私がおすすめする情報提供の方法というのは、**「いくつかのツールを使う」**というものです。ツールであれば、お客様に対して精神的にも時間的にも負担をかけることがないし、何より営業マン自身にもストレスがかかりません。さらには、ツールを使うだけなので、仮にお客様の数がどれだけ増えたとしても、きちんと対応することができます。

まさに一石二鳥、いや三鳥の効果が見込めるのが、ツールを使った情報提供なのです。

なお、このステップ②では、情報提供以外にすることはとくにありません。

継続して情報提供をして、後はお客様からの連絡を待つ――。

お客様から連絡があったら、いよいよステップ③、すなわち商談へと移ります。

ステップ③――商談から契約

さあ、いよいよ商談です。

私は契約に至るまでのプロセスを４つのパートに分けています。

①アイスブレイク
②お客様の要望の確認
③商品（プラン）の提案

④クロージングと契約

こうすることで、各パートでやるべきことが明確になります。

まずは何をすべきか？

このパートで求める結果は何か？

次のパートに進むためには何が必要なのか？

などがはっきりとわかるので、迷うことがなくなります。

また、うまくいかなかったときにどこが失敗したのかということについての確認も容易になります。

実際、契約に至るまでのプロセスを４つのパートに分けて以来、私は商談の流れがスムーズになり、**成約率が９割を超える**までになりました。それまでの成約率が５割程度だったことを考えると、まさに雲泥の差です。

とはいっても、とくに難しいことをする必要はありません。

基本的には、お客様の話を興味をもって聞くだけでよいのです。とくに商談の前半の段階でこのことを心がけるだけで、その後の展開がまったく変わってしまうのです。

ステップ④――驚くほど「紹介」の出るフォロー

契約していただいたお客様からの「紹介」は本当にありがたいものです。成約率もほぼ100％です。

ところが、実際に紹介を獲得するのがものすごく大変なことは、あなたもご存知のとおりです。

「何とか紹介を安定して獲得したい」

ご多分にもれず、私もそのための方法を模索し続けていましたが、努力の甲斐あって、今では毎年100件の紹介が獲得できるようにまでなっています。

では、紹介を獲得するための方法とは何か？

詳しくは第5章でお話ししますが、大前提となるのが、契約していただいたお客様のフォローをきちんとすることです。

これは考えてみれば当然のことです。なぜなら、紹介してくれるのは、契約していただいたお客様である場合が圧倒的に多いのですから……。

また、紹介で大切なのは、**紹介者には「心の負担」があること**をよく理解して接することです。これを踏まえて紹介者に気配りをすると、紹介は一気に増えていきます。

さらにありがたいのは、そのような態度で臨んでいると、紹介者との人間関係が良好になることです。そうなると紹介者自身から追加の購入や契約がいただけるようにまでなっていきます。

単にお客様からの信頼が高まるだけではなくて、数字まで飛躍的に伸びていく――。

何ともありがたいサイクルが回り始めます。

さて、「一生断られない営業法」について、おおまかなところはご理解いただけたでしょうか？

さっそく各ステップについて詳しくお話していきたいところなのですが、その前に「一生断られない営業法」がもっているメリットについて見ていくことにします。

この５つのメリットを読んでいただければ、「本当に『一生断られない営業法』なんて営業現場で使えるの？」といった不安が期待へと変わっていくでしょう。

論より証拠、さっそく次の節から説明していくことにします。

2 ［メリット①］売り込まないのでお客様から嫌われない

「一生断られない営業法」のメリットの1つめは、**「売り込まないのでお客様から嫌われない」**というものです。

お客様が一番嫌がることは「売り込まれる」ことです。

お客様の意向や気持ちを無視した一方的な売り込み――。

これでは、お客様が心を閉ざしてしまうのもムリはありませんよね。

これに対して、「一生断られない営業法」では、売り込みどころか、最初の段階では商品の説明さえしません。

最初にすることといえば、自分が目指していることや、お客様のお役に立てることについて話すだけです。

たとえば……。

「私は、お客様から『何を聞いてもすぐに答えてくれる営業マン』として信頼されることを目指して勉強しています」

「私は、お客様からのご要望が一番多い△△したときに○○のお手伝いができるような営業マンを目指しています」

「私がお客様のお役に立てることは○○です」

このような話を最初にすると、お客様は「売り込まれる」とは感じません。したがって、お客様はあなたのことを拒否することや嫌うことも、ほとんどといってよいほどなくなります。

営業マンにとってお客様から拒否されたり嫌われたりするのは最も大きなストレスの1つです。

それが「一生断られない営業法」を実践するとどうなるでしょう?

そう、**営業マンが感じる最も大きなストレスが、かぎりなく「0」に近づく**のです。

これは、何ものにも代えがたいメリットだと思います。

3

［メリット②］

自己紹介だけなら多くの人に気軽にできる

唐突ですが、あなたは、出会った人にいきなり営業トークや商品の説明をしようとすると緊張しませんか？

しかし、自分のことを話すだけなら、わりと気軽にできると思います。

たとえば、

「私は○○の仕事をしています」

「私は○○をしたいと考えています」

「私の目指していることは○○です」

ということであればどうでしょう？

これくらいのことなら、あなたも抵抗なくいえるはずです。

お客様にしてみても、とくに拒否する理由がないので、まずは聞いてくれます。

じつは、あなたが気軽に話せるということには、大きなメリットがあります。

それは、**「多くの人に話すことができる」**ということです。

多くの人に話せば、必然的にあなたのことを多くの人に知ってもらうことができます。

10人、100人、1000人とあなたのことを知っている人を増やしていきましょう。

当然のことですが、あなたのお客様となる可能性がある人は、あなたのことを知っている人だけです。したがって、あなたのことを知っている人を増やすのは、とても大切なことです。

また、気軽に自己紹介をしていると、興味のある人は思わず反応するものです。

「今、そのことで悩んでいまして、少し聞いてもいいですか？」

「じつは私もそのことに興味があって、勉強していたんです」

「あなたが目指していることをもう少し詳しく聞かせてください」

このような反応が出てきたら、しめたものです。

相手から「聞かせてください」といわれて説明するわけですから、嫌われることも嫌がられることもありません。

そう、あなたはストレスを感じることなく話を進められるのです。

4

［メリット③］

お客様の選別ができるので営業効率がアップ

あなたは、日頃の営業活動をしているなかで、次のようなことで迷ったりしていませんか？

「このお客様はすぐに商談に入ったほうがよいお客様なのか？　それとも今すぐではなくて次の機会に商談をしたほうがよいお客様なのか？」

ご多分にもれず、私も長い間そのことで迷っていました。

とくに営業マンになりたての頃は、そのタイミングがわからなくて何度も失敗したものです。

お客様はその気になっているのに、それに気づかずに商談の機会を逃したり、それとは逆にお客様がまだその気になっていないのに、あわてて商談をして嫌がられたり……。

恥ずかしながら、そういうことを繰り返してきました。

その点、「一生断られない営業法」では、自己紹介の後に「ある一言」をいうことで、お客様を**「すぐに商談に入れるお客様」と「将来の見込み客として確保するお客様」に選別**することが容易にできます。

したがって、今商談をするべきお客様を逃すこともないし、今はまだその気になっていないお客様にムリに商談をして嫌がられることもありません。

目の前のお客様が今すぐに商談できるお客様かどうかがわからないと、お客様に探りを入れる必要がありますが、「一生断られない営業法」では、そんな探りもまったく不要になります。

結果として、今すぐに商談に入れるお客様に集中的に当たれるので、営業効率は２倍以上に上がります。

営業効率がよくなると、見込み客をつくり出す時間も生まれます。

見込み客をつくり続けることは営業マンにとって最も大切な仕事です。

「一生断られない営業法」を実践することで、そのための貴重な時間まで生まれてくるのです。

5

［メリット④］

お客様と会えば会うほど「見込み客」が増える

当たり前のことですが、契約になったお客様というのは、すでに見込み客ではありません。

以前、私の大先輩がこんなことをいっていました。

「追いかけてきたお客様から大きな契約をいただくと、喜びより寂しさのほうが大きい。契約すると見込み客が１人減る。つまり、また見込み客を探す必要が出てくるというわけだ」

この言葉には私も同感です。

営業マンにとって、契約は見込み客を１人なくす行為でもあります。だからこそ、営業マンは常に見込み客を探しています。

もし、出会ったすべてのお客様が見込み客になれば、どんなにか素晴らしいことでしょう？

「一生断られない営業法」では、「ある一言」でお客様を選別して、**今すぐに契約に至らない「将来の見込み客」を確実にフォローする仕組み**があります。

したがって、「将来の見込み客」は増える一方です。

営業マンがやるべきことは、出会ったお客様をすべて「将来の見込み客」として囲い込むこと。そして囲い込んだお客様が自然とその気になるまでフォローすることです。

その結果として見込み客が増えるのであれば、商談をすること自体も楽しみになっていくと思います。

これとは逆に、もし、「目の前のお客様を逃すと次の見込み客がいない」というような状況であればどうでしょう？

これでは「お願い営業」になってしまうかもしれませんね。そうなれば契約条件も悪くなるでしょうし、さらには成約率も下がってしまうことでしょう。

多くの見込み客をもっていると営業マンは精神的にも安定します。だから落ち着いて商談ができるし、結果として成約率も高くなります。

その意味でも、「一生断られない営業法」には大きなメリットがあるといえます。

6

［メリット⑤］お客様から依頼されての商談なので「断りの恐怖」がない

何度もお話しているように、「一生断られない営業法」では、「ある一言」でお客様を選別した際に、今すぐには契約に至らない「将来の見込み客」であった場合でも、確実にフォローをする仕組みができています。

したがって、そのお客様から連絡が入ったときには、すでに「買う気」になっているケースがほとんどです。

私の場合、お客様からこんな電話がかかってきます。

お客様「牧野さん、いつもハガキやバースデーカードをありがとうございます。毎年バースデーカードを楽しみにしています。家族が私の誕生日を忘れることがあっても、牧野さんは毎年忘れずにバースデーカードを送ってくれるから、とっても嬉しいです。

ところで、保険のことでお聞きしたいことがあるのですが、教えていただけますか？」

私

「ありがとうございます。喜んでいただいて私も嬉しいです。ところで、どんなことを聞きたいのですか？」

お客様

「近々、家を買おうと思っているの。だから住宅ローンのことや生命保険のことも含めて家計の見直しをしたいのです。お願いできますか？」

私

「はい、喜んでさせていただきます。では日程を決めましょう。

ちなみに家計の見直しに必要なものは、生命保険証券と火災保険証券、自動車保険証券です。それとお子様の教育に関する考え方と、『どんな家を買いたいのか？』などについても教えてくださいね。

また、ご主人や奥様の収入もわかるように調べておいてください」

お客様

「はい、わかりました。すべて準備します。

牧野さんのご都合のよい日はいつですか？　なるべく合わせます」

このような形で、**お客様のほうから「相談に乗ってほしい」といってきてくれる**ようになるのです。

これは以前の私には考えられないことでした。

お客様から依頼された形で始まる商談なので、営業マンからすれば当然、安心してその場に臨めますし、結果として成約率も圧倒的に高くなります。

「一生断られない営業法」を実践すると、このような素晴らしい状況も簡単に実現することができるのです。


以上、「一生断られない営業法」によってもたらされるメリットについて見てきましたが、いかがでしたでしょうか?

次の章からは、いよいよ「一生断られない営業法」の具体的なやり方をステップごとに詳しくお話ししていきます。

楽しみに読み進めていってください。

第2章

お客様からの
断りがなくなる！
〝自己紹介&確認の一言〟

1 この流れに沿うだけで、商談にたどりつく確率が2倍に！

この章では、「一生断られない営業法」の最初のステップ、すなわち**「自己紹介&確認の一言（ある一言）」**について説明していくことにします。

ちなみにこのステップは、「一生断られない営業法」の根幹をなすものです。

第1章でもお話したように、このステップの目的は**「お客様の警戒心を解くこと」**と**「お客様に自分のことを知ってもらうこと」**、さらには**「お客様を選別すること」**にあります。

各ステップのなかでも最も重要な役割を果たしているので、じっくりと読み進めていかれることをおすすめします。

ここで、次ページの図をご覧ください。

「ステップ①　自己紹介&確認の一言」は、図に掲げた4つのパートで構成されています。

じつにシンプルな流れになっていますが、その効果は絶大なものがあります。

「ステップ① 自己紹介＆確認の一言」の全体像

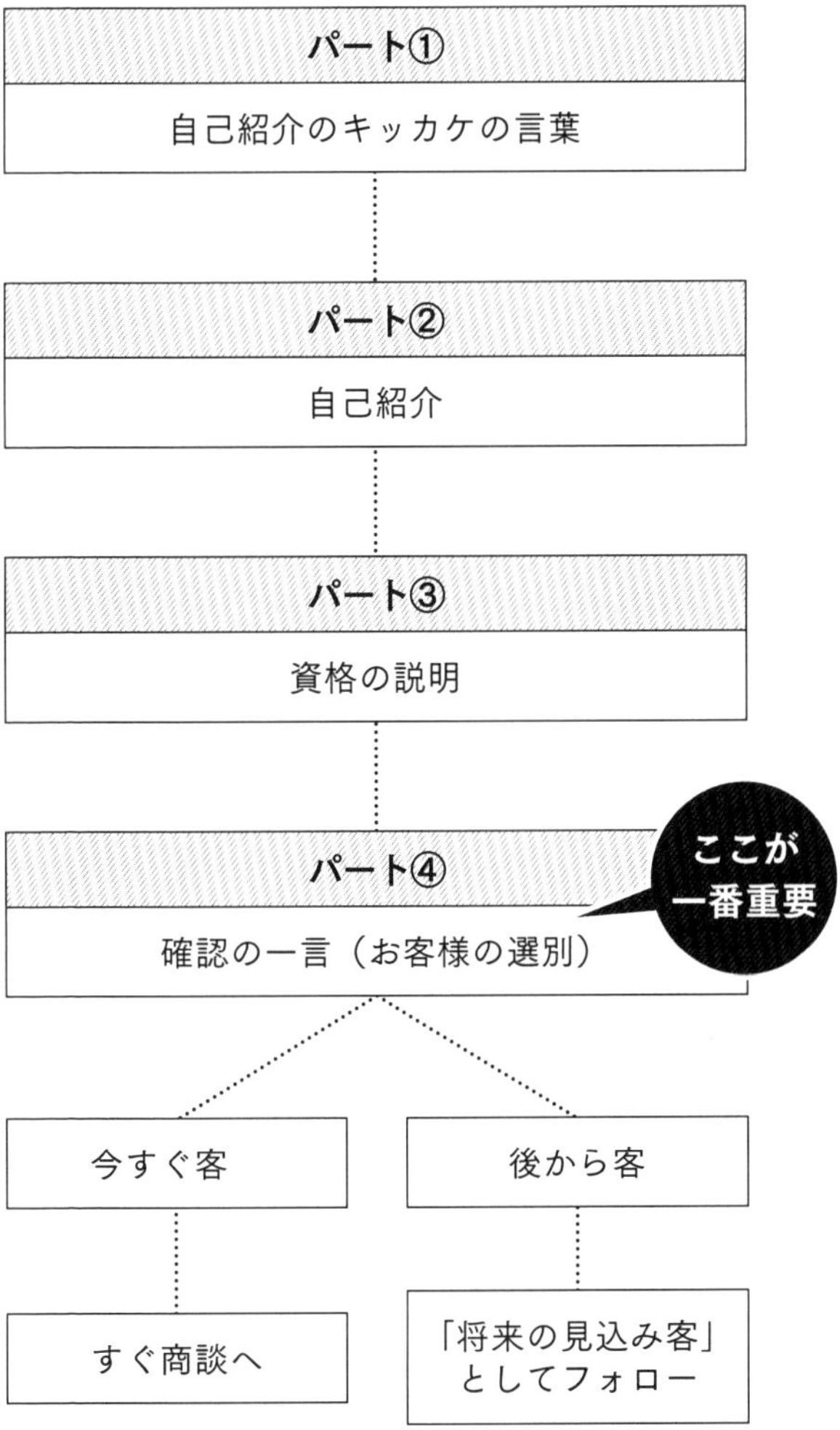

実際、私の場合、それまでは出会ったお客様と商談になる確率は20％前後でしたが、この流れに沿って進めるようになって以来、その確率は40％を超えました。

といっても、やることは単純です。

いっさい商品の説明をしないで、お客様の警戒心を解くことと、自分のことを知ってもらうことに専念したうえで、最後に「確認の一言」をお客様に投げかけるだけ。

しかも、自己紹介自体にかかる時間はわずか1分です。

その前後に若干の工夫があるのですが、1つひとつに分解すれば、何も難しいことはありません。決まった順番で進めていくだけです。

さあ、準備はよろしいですか？

それでは、さっそく各パートを詳しく見ていくことにしましょう。

2 スムーズに自己紹介に入れる、この一言

ここで、あらためて67ページの図をご覧ください。

この図にもあるように、「ステップ①　自己紹介&確認の一言」は、**「自己紹介のキッカケの言葉」**のパートから始まります。

まず、あなたに質問です。

あなたはお客様に初めて会ったとき、どういう流れで行動していますか？

まず挨拶、次に名刺交換、そして自己紹介というのが普通の流れですよね。

でも、本当にそうでしょうか？

挨拶と名刺交換をした後にいきなり自己紹介をされたのでは、お客様は面食らってしまいますよね。

そう、そんなときにとても有効なのが、「自己紹介のキッカケの言葉」なのです。

私の場合、具体的にはこんな言葉を使っています。

私「私がどんな人間かわからないと不安だとおっしゃるお客様が多いのですが、○○さん（お客様の名前）はいかがですか？」

お客様「それはそうですね」

私「もしお嫌でなかったら、1分間だけ私のことを話してもいいですか？」

お客様「ああ、いいですよ」

ここでのポイントは、**「自分のほうから自己紹介の了解を求める言葉を切り出す」**ところにあります。

こうするとお客様にしても断りづらいようで、すんなり了解してくれます。

キーワードは**「もしお嫌でなかったら」**と**「1分間だけ」**。

前者にはお客様に対する配慮が、そして後者には「そんなに時間がかからない」ということでお客様の心理的負担を軽くする効果があります。

実際、私の経験からいって、この言葉を投げかけたときにお客様から断られたことは、ほぼ皆無だといっても過言ではありません。思いのほか効果があるので、あなたも、自己紹介の前には、ぜひこの一言をいうようにしてください。

3 まずは「なりたい自分」のイメージを明確に描こう

あなたが自己紹介をすることに対して、お客様が承諾してくれました。

さっそく、どんな自己紹介をすればよいのか、そのトークについて具体的に見ていきたいところなのですが、その前にあなたにぜひとも明確にしておいていただきたいことがあります。

それは、あなたが「お客様からどんな営業だと思われたいか?」ということです。

これを明確にしておかなければ、せっかくの自己紹介が焦点のぼやけたものになってしまい、結果として、お客様の警戒心を解くことも、あなたのことをきちんと知ってもらうこともできなくなってしまいます。

さあ、どうでしょう?

あなたは、お客様からどんな営業だと思われたいですか？

●面倒見のよい営業
●商品知識のたくさんある営業
●困ったときにはいつでも親身になって相談に乗ってくれる営業

などなど、いろいろあると思います。

あなたがお客様の立場になったときに、どんな営業から買いたいか、という視点から考えてみるとよいでしょう。

ちなみに私が目指したのは、「明るい笑顔の営業で、私と話すと元気になる」というものですが、ここでのポイントは、最初に**「なりたい自分（営業）」**のイメージを明確に描く、つまり**「結果から考えていく」**ということです。

そのうえで、「なりたい自分」になるために必要な要素を検討していくとスムーズにいきます。

私の例で考えてみましょう。

「明るくて、話すと元気になる」とは、具体的にはどんな営業のことでしょうか？

●どのような服装をしているか？
↓ズボンは毎日プレスしてある。Ｙシャツはアイロンがきいている。

●表情はどんな感じか？
↓いつもニコニコしている。

●話し方は？
↓声が大きい。返事はハキハキと「ハイ」という。

●話す内容は？
↓「できる」「楽しい」「努力します」など前向きな言葉を使っている。

このようなことを１つひとつ考えて、「なりたい自分」のイメージを具体的にしていきましょう。

とはいっても、いきなりやれといわれても、戸惑ってしまうかもしれませんね。

そんなときは、身近な先輩や同僚のなかから、そんなイメージをもっている人を探してみることをおすすめします。そして、何人かピックアップして、特長や共通点をあなたなりに分析してみるのです。

最初は「こんな感じかなあ」とか「ここがいいなあ」程度で十分です。

そうしたプロセスを積み重ねることで、あなたが目指す「なりたい自分」が少しずつ明確に、そしてより具体的になっていきます。

「でも、今の自分は、『なりたい自分』とはかけ離れているけど……」

気にすることはありません。

あなたが明日から新たに出会うお客様は、昨日までのあなたのことは知りません。

だから、あなたは自分が目指している営業マンとしての印象を、新規のお客様には自由に与えることができます。

これは楽しいことだと思いませんか？

私は、以下のように信じています。

初対面こそ最高のチャンス！

さあ、これから自分を待っている出会いを素晴らしきチャンスに！

いかがでしょうか？

まずは、「なりたい自分」を明確にする——。

これは魅力のある自己紹介をするためにも、いや、**「売れる営業」**になるためにも、とても大切なことなのです。

4 自己紹介は3つのパートに分かれている

さて、この節からは、いよいよ具体的な自己紹介のつくり方についてお話することにします。

次ページをご覧ください。

私は自己紹介を3つのパートに分けて考えています。

各パートの説明は次の節から詳しくしていきますが、ここであなたはあることに気がついたかもしれません。

そう、**「○○様（お客様の名前）」**というフレーズを頻繁に、しかも**「主語」**として使っています。このことで、営業マンの自己紹介でありながら、「○○様（お客様）のことを一番に考えていますよ」という気持ちが伝わります。

まずは、「自己紹介の際には、お客様の名前を頻繁に、しかも主語として使う」ということをしっかりと胸に刻み込んでください。

「自己紹介」にかかる時間はわずか 1 分

パート①
あなたが今、何をしているのかを伝える（約 25 秒）

「はじめまして。ウイッシュアップの牧野です。

　私は、○○様（お客様の名前。以下同）の未来に対する夢や希望を叶えるお手伝いをしている保険屋です。

　私は、○○様がご加入している生命保険をありのままに説明いたします。そして○○様がご自身の生命保険の形を理解されて、その形が○○様の思いどおりのものであれば『そのまま続けてください』と伝えることをモットーにしている保険屋です。その場合、私の仕事はそこで終わりです」

パート②
あなたが具体的にできることを伝える（約 25 秒）

「○○様がご自身の生命保険の形を理解されたとき、もし○○様が思っていた形と違っていたり、このままでは○○様が将来困るなどの不具合があれば、そして○○様から保障内容の見直しのご要望があれば、私は、○○様のご家族に対する思いや夢を十分にお聞きしたうえで、○○様に喜んでいただける保障内容のプランをご提案いたします。

　私は、万が一があった場合でも、長生きされた場合でも○○様が困らないようなプランをご提案いたします」

パート③
あなたの覚悟や要望を伝える（約 10 秒）

「私は生涯に渡って○○様のよき相談相手になれることを目指しています。

　私の話を一度お聞きいただきまして、そのうえで○○様にとって私が役に立つかどうかの判断をしていただければと思います」

5 ［自己紹介パート①］あなたが今、何をしているのかを伝える

それでは、自己紹介の最初のパートについて説明していきましょう。

このパートを話すのに要する時間は約25秒、そして目的は**「あなたが今、何をしているのかを伝える」**というものです。

わかりやすくいうと、以下のようになります。

- **今、実際にしていること**
- **今の仕事を始めたキッカケや動機**
- **今までの実績や結果**

あなたが今の仕事を始めたキッカケや動機は何ですか？

また、今どんなことを心がけて仕事をしていますか？

今までの実績はいかがですか？

思いつくまま、すべて紙に書き出してください。

書き出せるだけ書き出したら、次に「これはたいして重要ではないな」というものから順に削っていく作業をします。

そうすると、最後にどうしても捨てたくないものが残ります。

それがあなたにとって一番大切なことです。

一番大切なことがわかったら、今度はそのことを話す練習をしてみてください。

何といえばお客様が耳を傾けてくれるでしょうか？

いきなりお客様に話すのはムリでしょうから、まずは身内の人や会社の同僚などに試してみてください。

最初は苦労するかもしれませんが、練習すればきっと耳を傾けてもらえる話ができるようになります。

でも、ここであなたは次のように思ったかもしれませんね。

「そうはいっても、人にいえるような動機なんてないし、過去の実績・成果にしても、とくにないよ」

「今やっていることも、そんなに難しいことを考えてしているわけじゃないし……」

たしかにそうかもしれません。

むしろ、そんな人のほうが多いのかもしれませんね。明確な動機をもって今の仕事に就いた人のほうが少ないでしょうし、ものすごい実績をもっている人のほうが少ないのは当たり前ですよね。

そんな人は、75ページで私がお話したフレーズを思い出してください。

初対面こそ最高のチャンス！

さあ、これから自分を待っている出会いを素晴らしきチャンスに！

あなたの思いどおりに第一印象をつくれるのですから、遠慮しないで何でも話してみましょう。

たとえば、あなたが今の仕事を続けている理由。

ちょっとしたことでお客様に喜ばれたこと、そしてそれによってあなたが勇気づけられたこと。

ちょっとした気遣いが足りなくてお客様を怒らせてしまったこと、そしてそのことで反省して気づいたこと。

「この仕事を始めて間もない頃に、私の不注意からお客様への連絡を怠ってしまったことがあります。

もちろん、そのときはお客様からきつく叱られましたが、逃げずにきちんとフォローをしたことがよかったのでしょう。

その後、そのお客様が『私は○○君を気に入って買ったのだから、これからは気をつけてね』といってくださったのです。

とても嬉しかったことを今でも忘れられません。

以来、その言葉を糧として働いています」

こんな言葉もよいかもしれません。

よく思い出してください。きっと何かあると思います。

お客様は、あなたのそんな言葉に関心を寄せるはずです。

6 あなたが具体的にできることを伝える

［自己紹介パート②］

自己紹介のパートの２つめの説明に移ります。

このパートを話すのにかける時間はパート①と同じく約25秒、目的は**「あなたが具体的にできる（お客様のメリットになる）ことを伝える」**ことにあります。

あなたが今、お客様にできることや会社として貢献できることを話してください。

たとえば、以下のようになります。

●**「お客様の〇〇に対する不満を解決できます」**

●**「お客様の〇〇の効率を上げるために△△のお手伝いができます」**

お客様が具体的にイメージできるように、そして「こんなことができるんだったらいいな」と思うように、お客様のメリットになることを伝えるのがポイントです。

「うーん、仕事上のことでお客様にできることって、そんなに浮かばないなあ」

なかには、こんな人もいるかもしれません。

あくまでも仕事上のことでお客様のメリットになることを話すのが原則なのですが、どうしても見つからないという場合は、こんなことでもよいでしょう。

●「今、〇〇の学校に通っているので、そのことでアドバイスできます」

●「以前から趣味で〇〇（何でもＯＫ）をしていましたので、〇〇のアドバイスができます」

要は、仕事以外でお客様のメリットになることを話すわけです。

いずれにしても、慣れないうちは、お客様のメリットになることを探すのは大変かもしれません。

しかし、これがきちんとできれば、あなたは将来に渡ってお客様から「他の営業マンとの違いを明確にした営業マン」「メリットを与えてくれる営業マン」として支持されるのです。

ぜひ、あなたならではの「具体的にできること」を発見していただきたいと思います。

7

［自己紹介パート③］

あなたの覚悟や要望を伝える

いよいよ自己紹介の最後のパートです。

ここでは**「あなたの覚悟や要望を伝える」**わけですが、これはお客様にあなたを気に入ってもらうためのダメを押す言葉となります。ちなみに、このパートはその他と違って、話すのにかける時間は10秒くらいでよいと思います。

さて、このパートの特徴は、言い方にあります。

具体的には、「○○したいと思います」ではなく、**「○○します」と言い切る**ことが大切です。

もし、この言い方に抵抗があるのなら、**「○○を目指しています」**という表現でも大丈夫です。

ともかく、本当に思っていることで、心から実現したいことをいってください。

基本のパターンは、以下のとおりです。

●「お客様に〇〇の貢献をします（〇〇のように役に立ちます）」
●「お客様から〇〇といわれる営業になります」

具体的には、こんな形になるでしょう。

●「お客様から何でも気軽に相談していただける営業になります（目指しています）」
●「『生命保険のことなら〇〇に聞けば何でも解決する』といわれる営業になります（目指しています）」

あくまでも、あなたが本当に考えていることを伝えるのがポイントです。

さて、以上で自己紹介の各パートの説明は終わりです。
いかがでしたでしょうか？
「大変そうだな」と思われたかもしれませんね。
実際に私自身、いまの自己紹介に至るまでには失敗の連続でした。

考えに考えてお客様のところに行って話して失敗、また考え直してお客様に話して失敗、それでもあきらめずに考え直してお客様に話してまた失敗、ということを繰り返してきました。

私の場合は、50人以上のお客様に話して、ようやく今の形ができあがってきたように思います。そして、それ以降も少しずつ進化させています。

だから、あなたもあきらめないで、あなたならではの自己紹介をつくることにチャレンジしてください。

そんな自己紹介ができたときには、

「たった1分間でお客様の顔色と態度が激変する」

ということを体感されることでしょう。

いきなり100満点を目指すと心が折れてしまいます。

「とりあえずは60点がとれれば十分」

そんな気持ちでチャレンジしてくださいね。

8 「資格」の説明でお客様からの信頼がグンとアップ！

パート①で「今、何をしているのか」、パート②で「具体的にできる（お客様のメリットになる）こと」、そして最後のパート③で「あなたの覚悟や要望」を伝える——。

自己紹介が終わった頃には、お客様の心のハードルはかなり下がっているし、あなたへの理解も格段に進んでいることでしょう。

通常は、このタイミングで「確認の一言（ある一言）」をお客様に投げかけるということになるのですが、もし、あなたの扱っている商品やサービスが「資格」と関係の深いものであるならば、ここでさらにダメを押す意味でやっておいてもらいたいことがあります。

では、それは何か？

ズバリ、あなたがもっている「資格」の説明です。

そう、自己紹介の後に資格の説明をするのです。

これをすることで、お客様からの信頼はグンと高まります（繰り返しになりますが、もし、あなたの仕事が資格とはまったく関係のないものであれば、すぐに「確認の一言」を投げかけるようにしてください）。


あなたは、何か直接仕事に関係のある資格をもっていますか？

もっているのであれば、どんな資格でしょうか？


日本人は権威に弱い民族です。とくに公的な資格はお客様の信頼を得るには絶大な力を発揮します。

といいながら、私自身、最初はまったく資格をもっていませんでした。また、それでも最初の頃は何とかなっていたのです。

ところが、次々に新しいお客様と出会って仕事の幅を広げようとすると、困ったことが起こりました。

それは、他の営業マンと競合したときのことです（もともと競合のない仕事など、この世にありませんから、競合は当たり前のことですが)。

お客様に対して競合他社の営業マンと同じ提案をしたり、同じ内容のことを説明した際、なぜか負けてしまうのです。

当然、人間関係や営業マンとしてのスキルの差もあったことでしょう。しかし、負けたケースを検証してみると、決定的な違いがあることがわかりました。

それは、競合他社の営業マンが公的な資格をもっていたことです。そして、その競合他社の営業マンは自身の資格をお客様に説明していたのです。

悔しいなどというものではありませんでした。

でも、悔しがっていても、現状は何も変わりません。そこで、私も勉強して資格をとることにチャレンジしたのです。

ちなみに私の仕事でいえば、以下のような資格があります。

●ファイナンシャルプランナー
●トータルライフコンサルタント
●損害保険資格

●証券外務員
●ＭＤＲＴ（全世界で上位１％の成績を上げた人だけが入会できる生命保険の世界組織）

私はすべての資格をとり、この資格をお客様に説明することを始めました。

ところが、いざやり始めると、意外に資格の説明は難しいのです。

一歩間違うと自慢話をしているようになって逆効果となります。

何度も失敗しました。


「牧野さん、自慢しているみたいですね」

「保険をいっぱい売るために資格をとったのですか？」


しかし、資格を嫌みなく、また自慢話でもなく説明できれば、短時間でお客様の信頼を獲得できることも事実です。

「どうすれば、うまく資格の説明ができるようになるんだろう？」

私が失敗を重ねてやっとたどりついた結論は、以下のようなことを伝えればよい、というものでした。

●なぜ資格をとったのか？
●その資格をもっている自分がお客様に貢献できることは何か？

具体的な会話で説明します。

私「今、私のことをお話させていただきました。お聞きいただきましてありがとうございました。
次に、私の資格や身分について明確にしたほうが安心されるお客様が多いので、そのことについてお話してもよろしいでしょうか？
時間は１分もかかりません」
お客様「じゃあ、お願いします」
私「ありがとうございます。
では、順に説明させていただきます。

まず、このカードはファイナンシャルプランナーの資格の証明書です。次に、このカードは……。これで資格の説明は終わりです。

お聞きいただきまして、ありがとうございました」

お客様 「すごいですね。牧野さんは多くの資格をおもちなんですね」

私 「ありがとうございます。じつは最初は何ももっていなかったんです。

でも、お客様により信頼いただける提案をしたり、より役立つお話をしようとすると、保険の知識だけでなく、それに関連する知識も必要となったんです。

その勉強をしているうちに、気がつくといろいろな資格をとっていたんです」

お客様 「なるほど、それはすごいですね」

私 「資格があると、お客様の住宅ローンの相談や効率のよい教育費の貯め方などのお話もできるんです」

もちろん、なかには「資格はまだもっていない」という人もいることでしょう。

その場合は、お客様にこのように話してください。

「私は今、お客様に役立つ○○の資格をとるために勉強しています。おかげさまで、ずいぶん知識が増えました。きっと△△の面でお客様のお役に立てると思います」

いかがでしょうか？

こんなことをお客様に堂々といえれば素晴らしいと思いませんか？

お客様の警戒心を解き、あなたのことをよく知ってもらうための自己紹介に加えて、資格の説明をする――。

ここまでできれば、あなたとお客様の**「心の距離」**がかなり近づいてきていることは間違いありません。

さて、次の節からは、いよいよステップ①の最後のパート、すなわち**「確認の一言（ある一言）」**について見ていくことにします。

何度もお話ししているように、この一言が私の営業マン人生を変えたといっても過言ではありません。

さっそく次へと進むことにしましょう。

9
「確認の一言」を使う真の目的とは何か？

私が「一生断られない営業法」を確立するうえで最大のキーポイントとなった「確認の一言（ある一言）」――。

あなたは、「本当にそんな夢のような一言があるの？」と思っているかもしれませんね。

それもムリはありません。

実際、この「ある一言」の効果に一番驚いたのは、かくいう私自身だからです。

何しろ、お客様から断られるということが、いっさいなくなったのですから……。

しかし、「ある一言」の効果はそれだけにとどまりません。

この一言を使うと、**焦って商談をする必要がなくなるので、じっくり時間をかけてお客様とおつき合いすることができる**ようになります。

そう、結果として、以前とは比べものにならないくらいお客様の信頼を獲得できるようになりました。

大きな信頼は大きな契約へとつながっていきます。気づくと大きな契約が次々と決まるようになっていきました。

その意味では、前節までお話した自己紹介の手順は「ある一言」を話すための準備である、とさえいってよいのかもしれません。

もちろん、自己紹介をここまで丁寧にやると、お客様からの信頼はかなり高まっているし、好感度もアップしています。

しかし、実際にお客様に話している時間は自己紹介と資格の説明の両方をしたとしても、たったの2分間です。

だから完全に信頼をいただいたというところまでにはなっていないし、そもそもすべてがすぐに契約になるわけでもありません。むしろ、すぐに契約になるお客様のほうが圧倒的に少ないのです。

では、この「ある一言」は、何のために使うのか？

ズバリ、お客様の意思を確認するために使います。

だからこそ、私はこの「ある一言」のことを「確認の一言」と呼んでいます。

すでにお話したように、この一言によってお客様の意思を確認することで明確になるのは、以下の2つです。

①今すぐに商談に入ってよいお客様か？
②将来の見込み客としてフォローするお客様か？

言い換えると、すぐに商談に入れないお客様を明確にするのが第1の目的です。

そして、**すぐに商談に入れないお客様を確実にフォローして、結果的にすべてのお客様を私の生涯のお客様にすること**が真の目的なのです。

10 なぜ、「確認の一言」を使うとお客様から断られないのか？

では、お客様の意思がはっきりわかる「確認の一言」とは、具体的にはどのようなものなのでしょう？

いよいよその正体を明かすことにしましょう。

「確認の一言」は、お客様に自己紹介（場合によっては、それに加えて資格の説明）が終わった直後に、次のように投げかけます。

「私は今、こんな思いで△△の仕事をしています。こんな私のことを○○さん（お客様の名前）は今必要ですか？」

たったこれだけの言葉なのですが、このように「今必要ですか？」と尋ねられたお客様の答えは２つしかありません。

①「今必要です」
②「今は必要ありません」

お客様は躊躇したり、考えたりすることなく簡単に答えることができます。

さらに、この2つの答えを見ていると、あることに気がつきます。


どちらの答えも断られていない——。


そうなのです。

「今必要です」はもちろんのこと、「今は必要ありません」にしても、時期の問題をいっているだけであって、完全な断りにはなっていないのです。

これは重要なことですから、少し詳しくお話しします。

たとえば、営業マンがお客様に投げかけた一言に対する答えが、次のようなものだったらどうでしょう？

①細かな数字が必要
②よく考えないと返事ができない

その場で答えることはできませんよね。

そうなると、必然的にお客様の答えは「考えておきます」や「よくわかりません」となってしまいます。

その場合、お客様の答えをもらうまでは商談に進むキッカケをつかめません。また、よほどのことでもないかぎり、お客様がその答えをもってくることもありません。

結果として、いつまでたっても商談ができない、ということになるわけです。


では、営業マンがお客様に投げかけた一言が簡単に「ＹＥＳ」「ＮＯ」で答えられるときはどうでしょうか？

当然、お客様は「ＹＥＳ」か「ＮＯ」で答えます。

答えが「ＹＥＳ」であれば、そのまま商談に進めるからよいとして、答えが「ＮＯ」であれば、それ以上話を進められない、ということになります。

つまり、どちらの場合も営業マンにとっては困る事態が起こるのです。
その点、「今必要ですか？」とお客様に尋ねる「確認の一言」の場合は、どうでしょう？
お客様が「今必要です」と答えた場合はすぐに商談に入ればよいし、「今は必要ありません」と答えた場合であっても、単に「今は必要ない」といっているだけなのですから、将来につなげることができます。

そう、いずれの答えになったとしても、完全に関係が断ち切られる、ということにはならないのです。

ちなみに私は、「今必要です」と答えたお客様のことを**「今すぐ客」**、「今は必要ありません」と答えたお客様のことを**「後から客」**と呼んでいるのですが、ここであなたは次のように思ったかもしれませんね。

「『今すぐ客』はすぐに商談に入れるからいいとして、『後から客』は結局のところ、すぐには買わないわけでしょ？

しかも、いつまでたっても買う気にはならないかもしれないし……。

そんな客をフォローするくらいだったら、別の客、つまり新規にどんどん当たったほうが効率がよいのでは？」

その意見、たしかにうなずけます。

私自身、そう思っていた時期もありました。いや、「一生断られない営業法」を確立するまでは、ずっとそう思っていました。

しかし、今の私なら、自信をもって断言できます。

「後から客」をどれだけたくさん確保しているか？

それが「売れる営業」と「売れない営業」との分岐点になる、と――。

これだけでは、意味がよくわかりませんよね。

そこで、次の節では「なぜ、『後から客』をたくさん確保することが大きな意味をもつのか？」ということについて説明することにします。

11
「将来の見込み客」がどれだけいるかで勝負は決まる

「今は必要ありません」と答えた「後から客」――。

この「後から客」をフォローすることに、いったいどれだけの意味があるのでしょうか？

私は、基本的にはこう思っています。

出会ったお客様の数と契約になるお客様の数の割合は、「売れる営業」であれ「売れない営業」であれ、そんなに変わりはない、と――。

では、何がこの両者を分けるのでしょう？

それは、「見込み客の数の違い」につきます。

よく考えてみてください。

「今は必要ありません」といわれたからといって、すぐにそのお客様をあきらめてしまっていては、次から次へと新規を開拓していくしかありませんよね。

もちろん、新規開拓は営業マンにとって本当に大切なことです。その重要性を否定する気はありませんし、私自身、今でも新規を開拓しています。

ただし、すぐにあきらめて新規ばかりを追っていたら、どうなると思いますか？

ここで、１０５ページの図をご覧ください。

とくにⒶ［売れない営業］の図の底辺に注目していただきたいのですが、契約にならないお客様をすぐにあきらめていたのでは、いつまでたっても底辺が大きくなりませんよね。

先に私は、「出会ったお客様の数と契約になるお客様の数の割合は、『売れる営業』であれ『売れない営業』であれ、そんなに変わりはない」といいました。

そうだとするなら、どうでしょう？

底辺が大きくなれば、必然的に「契約になるお客様の数」も増えていくとは思いませんか？

そうなのです。

私はこのことに気づいて、「今は必要ありません」といわれた「後から客」を「将来の見込み客」ととらえて確実にフォローしたからこそ、どんどん底辺が大きくなり、結果として契約になるお客様の数を飛躍的に増やすことができたのです。

次々と出会うお客様を「今すぐ客」か「後から客」かを確認して、「後から客」をすべて「将来の見込み客」にしてしまえば、結果として見込み客は増える一方です。

「売れる営業」と「売れない営業」の違いは、この見込み客をつくる仕組みの差にあります。

「売れる営業」は特別な能力者ではありません。また、特別なコネをもっているわけでもありません。

そのかわり、「売れる営業」は見込み客を増やす具体的な仕組みを常に考えています。

そのために努力をし、創意工夫をしています。

だからこそ、お客様が買いたくなったとき、お客様のほうから連絡をしてくるので商談数が多くなります。

では、そのためにはどうすればよいのか？

「売れる営業」と「売れない営業」の違いはここにあった！

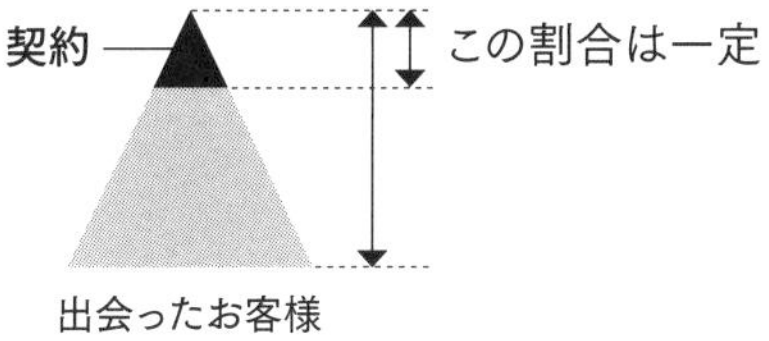

Ⓐ［売れない営業］

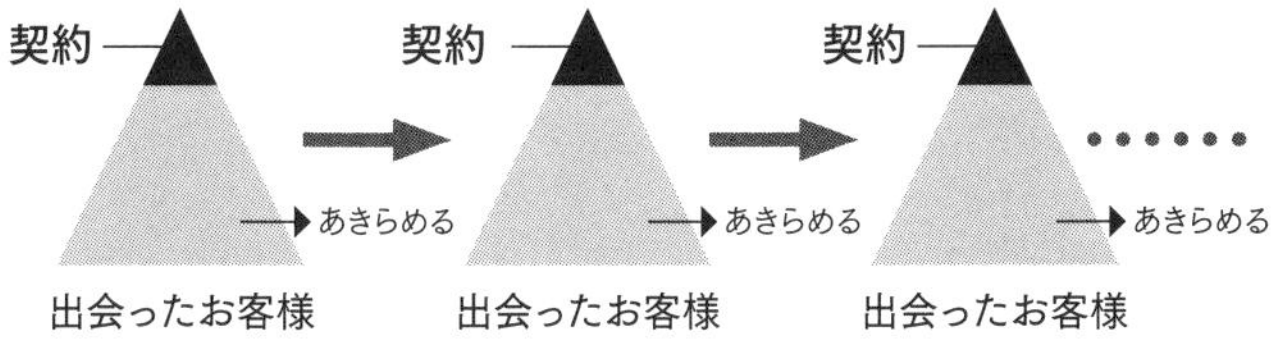

※いつまでも、底辺（出会ったお客様）が大きくならないので、
契約の数も増えない!

Ⓑ［売れる営業］

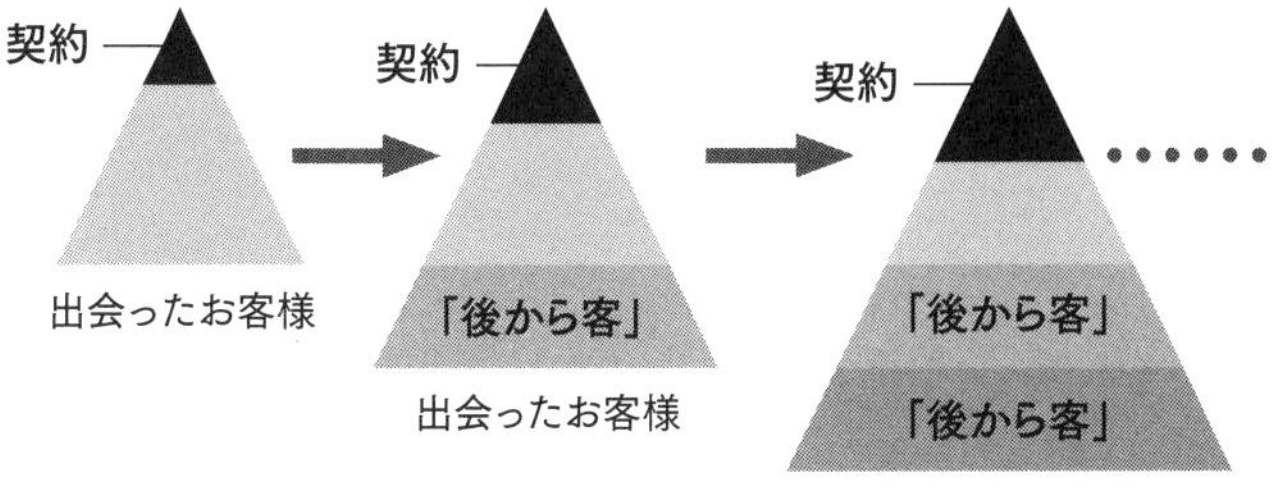

※底辺が大きくなってくるので、
それにともなって契約の数が激増!

次の章では、「今は必要ありません」と答えた「後から客」の「買う気」を育て、いざそのタイミングになったときに確実に声をかけてもらうための方法を説明していくことにしましょう。

第3章

自然と「買う気」になってくる！〝後から客〟を囲い込む方法

1 これで万全！6つの「ツール」を使いこなそう

「今は必要ありません」と答えた「後から客」を、どう見込み客に育てるか？

この章では、あなたが「売れる営業」になれるかどうかの分岐点となる「ステップ②将来の見込み客の『買う気』を育てる」について詳しく見ていくことにします。

ちなみに、これから私がおすすめする方法は、基本的にはお客様を訪問するなどといったことをする必要はありません。

あなたがすることは**「情報提供」**だけ。しかも、第1章でも簡単に説明したように、**「ツール」**を使うことで、ラクにお客様を囲い込むことができるようになります。

次ページの図をご覧ください。あなたは、ここにあげた**『買う気』にさせる6つのツール」を使うだけ**でよいのです。

こんなことをいうと、あなたはこう思ったかもしれませんね。

「でも、いろいろな情報をお客様に勝手に送りつけてもいいの？」

「ステップ② 将来の見込み客の『買う気』を育てる」の全体像

「買う気」にさせる６つのツール

① ハガキ
Ⓐ 面談後ハガキ
Ⓑ フォローハガキ

② 定期便

③ バースデーカード

④ 毎月メールマガジン

⑤ 時々セールスレター

⑥ SNS（フェイスブック、ラインなど）

やるべきことは情報提供だけ。
後はお客様からの連絡を待つだけでいい！

もちろん、勝手に送りつけてよいわけがありません。

お客様に情報を送るには、その前にきちんと手続きを踏む必要があります。

具体的には、「確認の一言」をいって、そのお客様が「後から客」だと決まった瞬間に情報を送ることに対する了解をとる、ということです。


「私はお目にかかったお客様にお役立ち情報をお届けしています。もしお嫌でなかったら情報提供をさせていただいてもよろしいでしょうか？　また、不要になりましたら、いつでもおっしゃってください。すぐに止めますから」


このように**「情報提供」**と限定したうえで**「不要ならすぐに止めます」**と念を押せば、ほとんどのお客様がすんなり了解してくれます。

ポイントは「後から客」と決まったら、すぐに了解をとることです。

時間が経過してからだと、警戒心から拒否されることが多くなります。


さて、こうして情報提供の了解が無事にとれたとします。

後はツールを使ってお客様の「買う気」を育てていくだけ。

さっそく各ツールの使い方を具体的に見ていくことにしましょう。

2 「買う気」にさせるツール①——ハガキ
「面談後」と「フォロー」の2種類がある

最初にご紹介するツールは**「ハガキ」**です。
私の場合、商談のステップによって2種類のハガキを使い分けています。

Ⓐ面談後ハガキ（次ページ参照）

これは、面談をしていただいたことに対して感謝の気持ちを伝えるためのハガキです。

ポイントは、面談の終了後、**「すぐに出す」**ことです。私の場合は、面談前に書いておいて、お客様の会社や家を出て一番近くのポストに入れることにしています。

会ったばかりの営業マンから、すぐにお礼のハガキが届く——。

実際、この「面談後ハガキ」が届くと、お客様はものすごく喜んでくれます。たいした手間がかかるわけでもないのに、あなたの印象がグンとよくなります。

あなたも、必ず実践されることを自信をもっておすすめします。

あなたの印象をグンとよくする「面談後ハガキ」

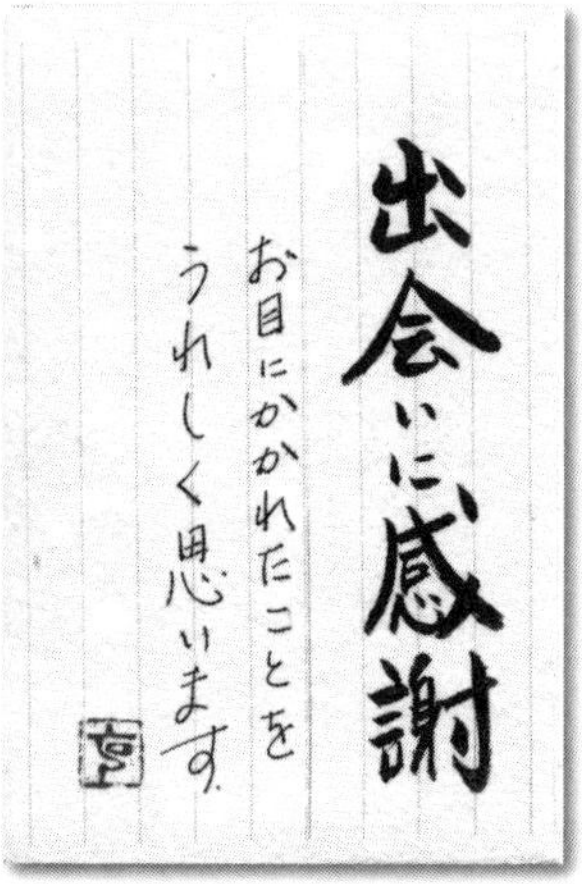

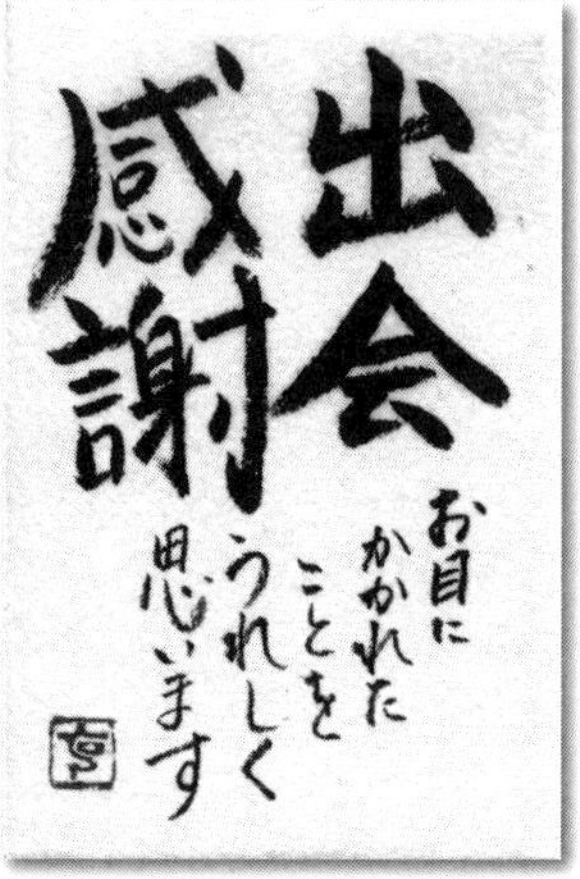

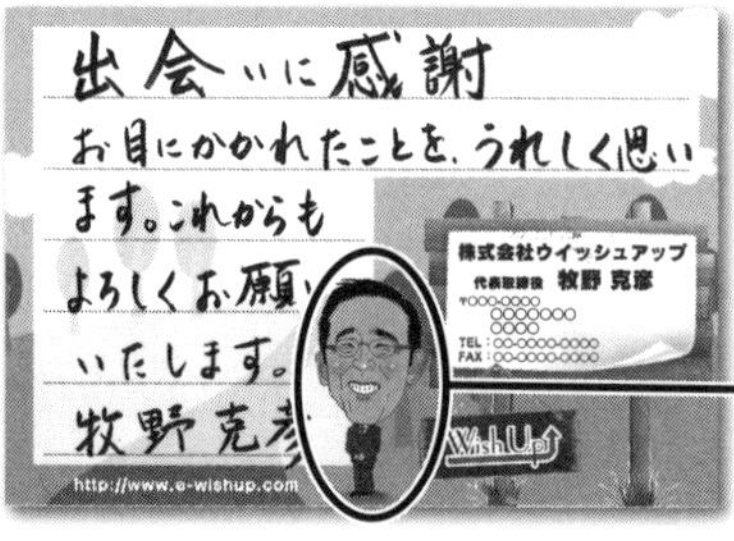

顔イラストを入れると
人柄が伝わり、
印象に残りやすい

面談後、すぐに出すのがポイント！

Ⓑフォローハガキ（116ページ参照）

次に私がおすすめするのが「フォローハガキ」です。

この「フォローハガキ」は、出会ったお客様に対して、３カ月後、６カ月後、９カ月後という具合に、**「一定の期間を空けながら送る」**というものです。

ただし、私の場合、「フォローハガキ」は「面談後ハガキ」と違って、すべてのお客様に出しているわけではありません。

具体的には、大きな契約に結びつく可能性のあるお客様に対してだけ出すようにしています。

なぜなら、この「フォローハガキ」は、すべて手書きのため、数多く出していると続かなくなってしまうからです。

まだ数が少ないうちはすべてのお客様に送ってもよいのでしょうが、「一生断られない営業法」の場合、「後から客」の数はどんどん増えていきます。

せっかくの「フォローハガキ」も、続かなければ意味がありません。だからこそ、私は数を絞っているのです。

さて、ここで「フォローハガキ」を出すステップについてお話することにしましょう。

①1月から12月に分けることができる小さな棚や書類ホルダーを準備する
②初めて出会ったお客様の宛名書きをしたハガキを4枚準備する
③そのハガキを3カ月後ごとの棚に分けて入れる

たとえば、4月に出会ったお客様であれば、7月・10月・1月・4月の棚に宛名書きを終えたハガキを入れておきます。

④1回めに出会ったときの印象や心に残った言葉などをメモとしてハガキにつけておく
⑤7月になったら7月の棚からハガキを出してお客様に出す。その際には、メモを見ながら心に残った言葉などを1行入れておく

たとえば、こんな具合です。

●先日お目にかかったときに教えていただいた○○が今でも心に残っています。ありがとうございました

●先日お目にかかったときのピンクのネクタイが印象的でした。明るくてステキですね

出会って3カ月後に届いたハガキにこんな1行があれば、お客様はものすごく喜んでくれるものです。

なかには、わざわざ電話をしてくれるお客様もいるほどです。

繰り返しになりますが、このハガキはすべて手書きとなるので、数多くは出せません。

「せっかくだから、すべてのお客様に出したい」

と思われるかもしれませんが、ものには限度というものがあります。

私の場合、10人から始めて、現在は80人。1カ月に20枚以上出しているのですが、やはりそれなりの負担がかかっています。

あなたも、自分で上限を決めておきましょう。

「フォローハガキ」は一定の期間を空けて送ろう

1回めのハガキ(3カ月後)

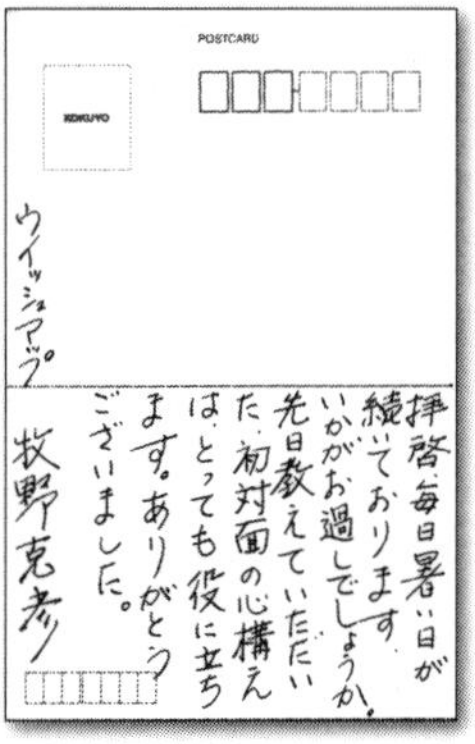

2回めのハガキ(6カ月後)

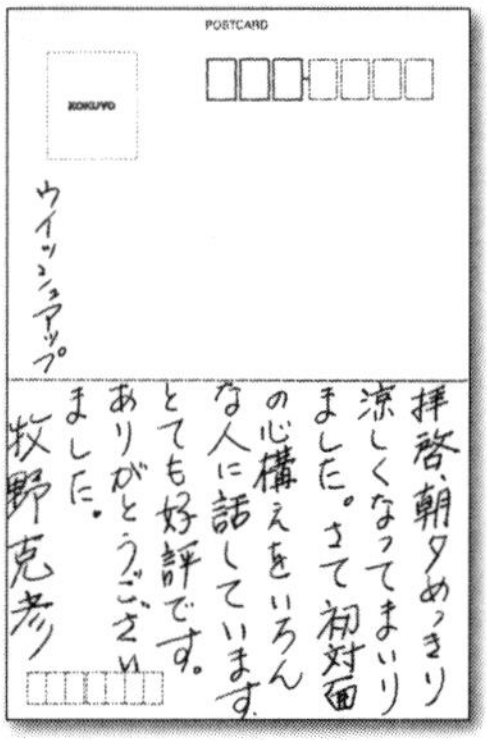

3回めのハガキ(9カ月後)

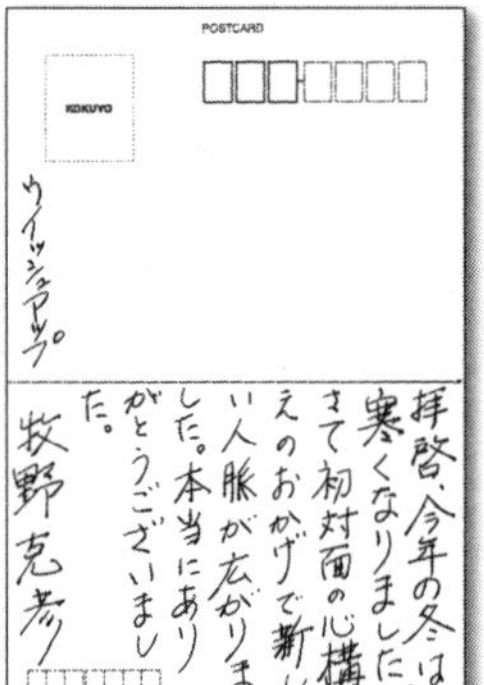

4回めのハガキ(12カ月後)

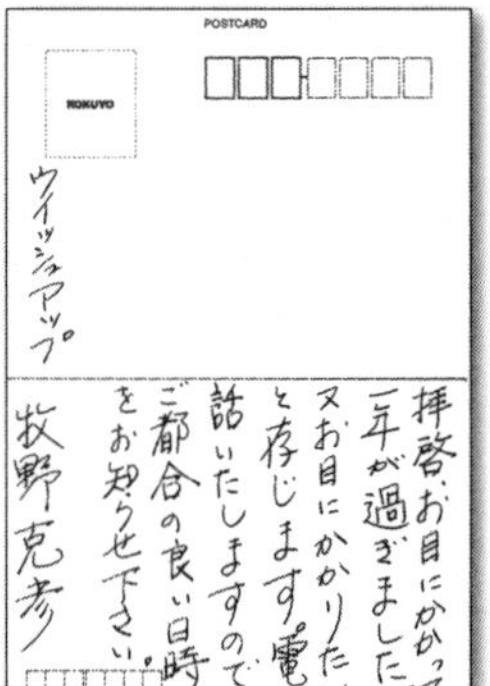

出会って1年。そろそろアポイント
のお願いを書き込んでもよい

そのお客様にしか
伝えられないメッセージを入れよう!

3

「買う気」にさせるツール②——定期便

「売りの匂い」のする情報はNG

ツールの2つめ、**「定期便」**に話を進めましょう。

この「定期便」とは「後から客」全員に出すレターで、主に**「お客様の役に立つ情報」**を掲載したものです。

したがって、これには営業的なことを書いたり、セールの案内などは入れないほうがよいでしょう。

「後から客」というのは、その商品を「今は必要ない」と考えているお客様です。

そこに、いきなり「売りの匂い」の強い情報で占められたレターが送られてきたらどう思うでしょう?

「ああ、この営業マンも、結局は売ることしか考えていないんだな」と見られてしまうのがオチです。

もちろん、ときにはお客様に直接行動をうながすようなツール（「時々セールスレター」

――136ページ参照）を送ることも必要です。

しかし、基本的にこのステップの目的は、「徐々にお客様からの信頼を高めて、『買う気』になったときに連絡をしてもらう」というものです。

したがって、「定期便」ではあくまでもお客様が喜びそうな情報を提供することが大切です。

具体的には、**「営業があまり知られたくないこと」**を情報として提供すれば、お客様からの信頼が高まります。

ちなみに、「定期便」をつくる際に心がけることは、手間を省くことです。

そのためには、テーマを**「シリーズ化」**することをおすすめします。

たとえば、こんな具合です。

- ●○○を買うときに失敗しないための5か条
- ●よくある失敗例
- ●○○の節約

毎回テーマを考えるのは大変なことです。

その点、１つのことをシリーズにすると、考える手間が省けるし、そのテーマにお客様が関心をもった場合など、

「次はどんな『定期便』が送られてくるかな？」

と楽しみにしてくれるようなことも起こってきます。

実際、私のお客様のなかには、ファイリングをして保存している方もいるほどです。

繰り返しになりますが、「定期便」の目的はあなたへの信頼を高めてもらい、実際に名前を覚えてもらうことにあるわけですから、何よりも**「続ける」**ことが大切です。その意味でも、あまり手間をかけないようにすることを心がけてください。

ちなみに、私は「定期便」を出す頻度を、**「3カ月に一度」**にしています。

理由は、それ以上間隔を空けるとお客様から忘れられてしまうと思っているからです。

もちろん、余裕があれば、１カ月に一度などといった具合に、もっと短い間隔で送ってもかまいません。

続けることを前提に、あなたに負担にならない頻度を決めてください。

まきやんの定期便 ○○○○年○月号

金利のお話　その1

牧野克彦　昭和３３年１月２７日生　みずがめ座
家族　妻・長男・長女
宝物　家族

４月とはいえ、まだまだ寒い日が続いております。
皆様におかれましてはお風邪などひかれませんようにご自愛ください。
今月もちょっとした話題をお届けいたします。

【まずは基本のお話から】

利率・・・・元本に対する１年間の利子の割合（金利とも）
利息・・・・お金の使用料、レンタル料（利子とも）
利回り・・・利息込みの収益合計に対する元本の割合
複利・・・・利子を元金に組み入れる方式で利子に利子がつくことを言う。
定期預金（利率2%）に100万円預けた場合　１年間の受取利息　1,000,000×2%=20,000円
投資100万円の配当が５年で15万円の場合　平均利回り15万円÷100万円×100(百分率)÷５年=3%（年利）

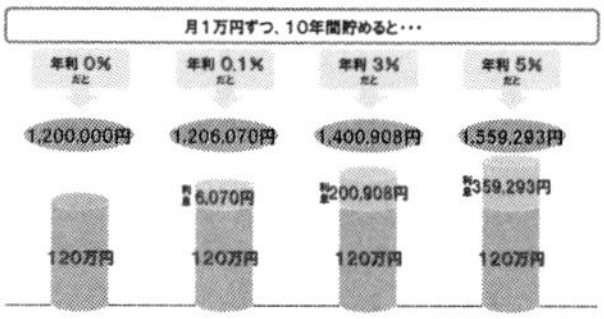

お金を倍にするのに、どのくらいの時間がかかるでしょう。

72の法則　72÷年利＝x年

何パーセントで運用すれば、何年で倍になるかを簡単に計算する方法。
例）72÷年利10%＝7.2　←　7.2年でお金が倍になる。

Q. 100万円を金利1%で倍にするには、何年かかる？

A.
1%だと　→　72年
5%だと　→　14.4年
10%だと　→　7.2年

金利の種類と特徴

■変動金利
年に２回(4月・10月)金利を見直し、その都度新しい金利を適用するタイプ。金利の変動があっても返済額は５年間変わらない
また５年後の新しい返済額は前回の1.25倍以内という制限が設けられている。
■固定金利選択型
返済期間の一定期間だけ金利を固定化する変動金利のオプション（特約）。特約期間が終了する際に再び固定金利を選択しなければ変動金利に戻る。固定金利特約料は５千円から１万円。
■全期間固定金利
返済期間を通じた金利が決まっているタイプ。
全期間一定のものと、ある時期から金利が変わる段階金利制のものがある。

株式会社ウイッシュアップ
牧野克彦
大阪市○○○○○○○○○○○○○○○○○○○○○○
TEL○○-○○○○-○○○○ FAX○○-○○○○-○○○○
HP http://www.e-wishup.com

「シリーズ化」すると手間が省ける

［作成のポイント］

- 原稿はA4サイズ1枚
- 5分程度で読めるものにする
- 白黒で十分
- 「売りの匂い」のする情報は入れない

4

「買う気」にさせるツール③――バースデーカード

毎年送ることに意味がある

誕生日は年に1回しか来ない特別な日です。

その誕生日に届く「バースデーカード」――。

これは、とくにお客様の印象に残ります。

私の場合、「バースデーカード」は誕生日がわかるお客様すべてに出しています。

まだ何も買っていない営業マンから毎年届く「バースデーカード」は特別なもの。

もし、そのときに商品の購入を考えていたら、迷わずその「バースデーカード」の差出人に電話をすることでしょう。

実際、「バースデーカード」は、「後から客」に対するフォローのなかでも、とくに高い効果を発揮しています。

こんな話をすると、必ず聞かれることがあります。

「どうやって誕生日を聞けばいいの？」

答えは、**「出会って名刺交換をしたそのときに聞く」**というものです。

「あの、お誕生日をお聞きしてもいいですか？」

と聞くだけです。

「ええっ、そんな簡単に教えてくれるの？」

と思うでしょう。

もちろん、それは人によります。

今までに誕生日を聞いたときのお客様の反応は、大きく3つのタイプに分かれます。

①「いいですよ。私の誕生日は、○年○月○日です」とすぐに教えてくれる人

②「どうして誕生日なんか聞くのですか？」と尋ねる人（このパターンが一番多い）

③「あまり教えたくないわ」と答える人

②の場合には、

「ごめんなさいね、いきなりで失礼しました。私は動物占いが好きで興味があるんです」

というようにしています。

そうすると、そこからさらに教えてくれる人とそうでない人に分かれます。

③の場合には、

「ごめんなさいね、いきなりで失礼しました。ちょっと動物占いに興味があったものですから。大変失礼しました」

といえば、そんなに悪い印象になることはありません。

「バースデーカード」の目的は**「お客様に自分のことを覚えてもらう」**ことにあります。

ムリに誕生日を尋ねて嫌がられてしまったら逆効果です。

だから、ここは「快く教えてくれる人だけでよい」と割り切りましょう。

そうして、少しずつ集めていけばよいのです。

次に、**「誕生日の管理方法」**についてお話しします。

私の場合は、エクセルで1月から12月までのシートをつくって、各シートの上から順に1日から31日まで日付を設けていくようにしています。

後は、そのシートの該当する日にお客様の名前と住所を書き込むだけ。1回1回書き込んでいるとラクな作業ですが、たまってくると、とても面倒になります。したがって、誕生日を聞けたら、そのつど書き込むようにしましょう。

もし、エクセルが苦手な場合は、1冊ノートを買って同じように管理してください。


今度は、**「バースデーカードのつくり方」**について説明します。

私は、「バースデーカード」のデザインや内容には、そんなにこだわっていません。

著作権フリーのイラストがあるので、それを使って自分でつくっています。ワードを使えば、だれでもすぐにつくれると思います。

書き込む言葉は、「Ｈａｐｐｙ Ｂｉｒｔｈ Ｄａｙ」か「お誕生日おめでとうございます」と、手書きであと一言です。

私の場合は、簡単ではありますが、次のような一言を書き添えています。


「これからの1年が幸せでありますように」

「お元気でお過ごしのことと存じます」


といっても、これも数が増えると、とても大変な作業になります。

そこで私は、完成した「バースデーカード」をコピー機で一度に大量コピーしておくようにしています。

最近のコピー機はとても性能がよいため、自筆メッセージがコピーであっても手書きのように見えます。

「コピーしたカードを送るの？　それは抵抗があるなあ」

あなたは、こう思ったかもしれません。

しかし、「バースデーカード」も、「フォローハガキ」や「定期便」などと同様、**「続ける」**ことが何よりも大切です。

1枚、1枚手書きでできればそれに越したことはないのですが、そのために「ある年は送って、ある年は送らない」などということになったら、まったく意味がありません。


毎年届く「バースデーカード」が、いつしかお客様の心をつかむのです。

あなたなりに、長く続けられるような工夫をしてください。

「バースデーカード」でお客様の心をガッチリつかもう

最近のコピー機を使うと、
コピーでも、自筆メッセージが
手書きのように見える

お客様に毎年届くことが何よりも大切！

5

「買う気」にさせるツール④――毎月メールマガジン

内容に凝る必要はいっさいなし

今やパソコンや携帯のメールは日常の通信手段として、だれもが使っています。したがって、メールを活用できれば、より効果的なことはいうまでもありません。

というわけで、私の場合は、今では毎月２０００件、**「メールマガジン（メルマガ）」**を配信しています。

こんなことをいうと、

「なんだか大変そう」

と思われたかもしれませんね。

ご安心ください。

メルマガを発行するといっても、そんなに大変な作業をするわけではないのです。

メルマガをラクに発行するポイントとしては、以下のようなことがあげられます。

●「定期便」をそのまま転載する（これで3回に1回は書かなくてすむ）
●お客様やだれかと会話をしていて、「いいな」と思ったことをその人の了解を得て書く
●日々の営業のなかで失敗したことや嬉しかったことを書く

メルマガの最大の目的は、**「お客様にあなたの名前を覚えてもらう」**ことと、**「あなたに親しみをもってもらう」**ことです。

だから、内容に凝る必要は、まったくありません。

極端にいえば、ただ出せばよいのです。

実際、メルマガは前節までの「ハガキ」「定期便」「バースデーカード」と比べると、読まれる率は低いかもしれません。だから、「やらないよりはやったほうがよい」という程度に考えてください。


内容のことはさておき、私がメルマガで苦労しているのは、**「メールアドレスを集める」**ことです。

最近の名刺にはほとんどメールアドレスが記載されているので、名刺交換をしたお客様

「メールマガジン」も続けることがポイント

【メルマガ】

○○様

初めての方、これからよろしくお願いします。
おなじみの方、お久しぶりです。

今回のメルマガは「石川啄木について」です。

＝＝＝＝＝＝＝＝＝＝＝＝＝＝＝＝＝＝＝＝＝＝＝＝＝＝＝＝＝＝
【ご注意！】

このメルマガの『無断引用、無断転載』 は、自由自在です。

友人や会社の人たちに勧めていただくとウレシイです。
積極的に勧めるとあなたは、きっと感謝されるでしょう。

※メルマガ希望の紹介最高です。ジャンジャンお願いします。

＝＝＝＝＝＝＝＝＝＝＝＝＝＝＝＝＝＝＝＝＝＝＝＝＝＝＝＝＝＝

※　メール配信不要の方はその旨ご返信いただけれるとウレシイです。
↓　　（お名前を記載していただけると助かります）
info@e-wishup.com までお願いします。

****
石川啄木について
****

○○さん、毎日暑い日が続いていますが、体調はいかがでしょうか？

今回は『生き急いだ歌人石川啄木のお話です。』です。

先日お客様を訪問していて
なぜか石川啄木のことが話題になりました。

実は私は高校生のころ石川啄木の大ファンでした。

その甘美な薫りいっぱいの世界にあこがれていたのです。

驚いたことに、お客様と会話をしていると
３０年以上前に覚えた「石川啄木の歌」が
鮮やかに脳裏に浮かんできたのです。

やはらかに　積もれる雪に　熱てる頬を
埋むるごとき　恋してみたし

（

目的は「名前を覚えてもらうこと」と
「親しみを感じてもらうこと」にある！

の場合は簡単です。

「名刺交換をしたその場で確認すればよい」のです。

「私、最近メルマガを始めたんです。もしお嫌でなかったら、メルマガをこのアドレスに送らせていただいてもいいですか？」

私の場合は、「いいですよ」が80％、「いや、けっこうです」という答えが20％でした。臆せず、どんどん確認していきましょう。

苦労するのは、主婦の方や、すでに契約をしていただいた方です。

主婦の方の場合は携帯のメールアドレスを聞くことになるのですが、本人も覚えていないことが多いので、あまりムリをして聞いてはいません。「教えてくれればラッキー」という程度に考えています。

契約していただいた方の場合は、すでに人間関係ができているので、訪問をすれば簡単に教えてくれます。私の場合は、顧客フォローのつもりで時間をかけて集めました。

繰り返しになりますが、メルマガを発行することの目的は「名前を覚えてもらうこと」と「親しみを感じてもらうこと」にあります。

あまり肩肘を張らずに、気楽に取り組んでみてください。

6 「買う気」にさせるツール⑤——SNS
各ツールの目的を明確にして使い分ける

最近では、ＳＮＳが情報発信やコミュニケーションツールとしてなくてはならないものになりました。それは、生保営業の現場でも同じことがいえます。

私が活用しているＳＮＳは主に２つあり、用途目的を明確にして使い分けています。

①フェイスブック（以下、ＦＢと表記）↓「後から客」へのフォローと「新規開拓」

ＦＢは、基本的に、一方的に情報発信をするものですが、ただランチやスーツなどの写真を発信しても何の効果もありません。

私の場合、ＦＢを活用する目的は、**どんな人間なのか知ってもらうこと**にあります。

そのために、２つの面からアプローチをしています。

１つめは、**生き様や考え方、目指していることの投稿**。こうすることで、私の信念を知ったうえで、賛同してくれた方をお客様にすることができますし、「後から客」に安心感を与えることができます。いわば牧野流「この指止まれ作戦」。

私の生き方に共感したり、私が信じていることを同じように信じている人がお客様になってくれるのは嬉しいことです。

ただし、その割合としては、FBの投稿を100人が読んでくれたとして、1人そういった人がいれば十分だと考えています。日本の人口「1億2623万人」【総務省統計局 2019年4月1日現在】の1%は約126万人。これだけでもお客様としては多過ぎます。つまり、全員をお客様にしようとしないことで、よりコアなお客様を見つけることができるのです。

2つめは、**プライベートの投稿**です。日常の些細なことを発信して、私が仕事以外でどんな人間であるかを知ってもらうためのものです。

妻との旅行、孫との関わり、ゴルフ等、プライベートな記事を投稿することで、お客様に「なんだ、牧野さんも私と変わらないじゃないか」と感じてもらったり、あるいはゴルフを趣味にしている方からは「今度一緒にゴルフ行きませんか?」とお誘いをいただきたくて活用しています。FBの投稿から一緒にゴルフに行った人は100名を超えました。

またその中から、お客様になっていただいたり、ご紹介をいただくこともできています。

「フェイスブック」はあなたのファンを増やす絶好のツール

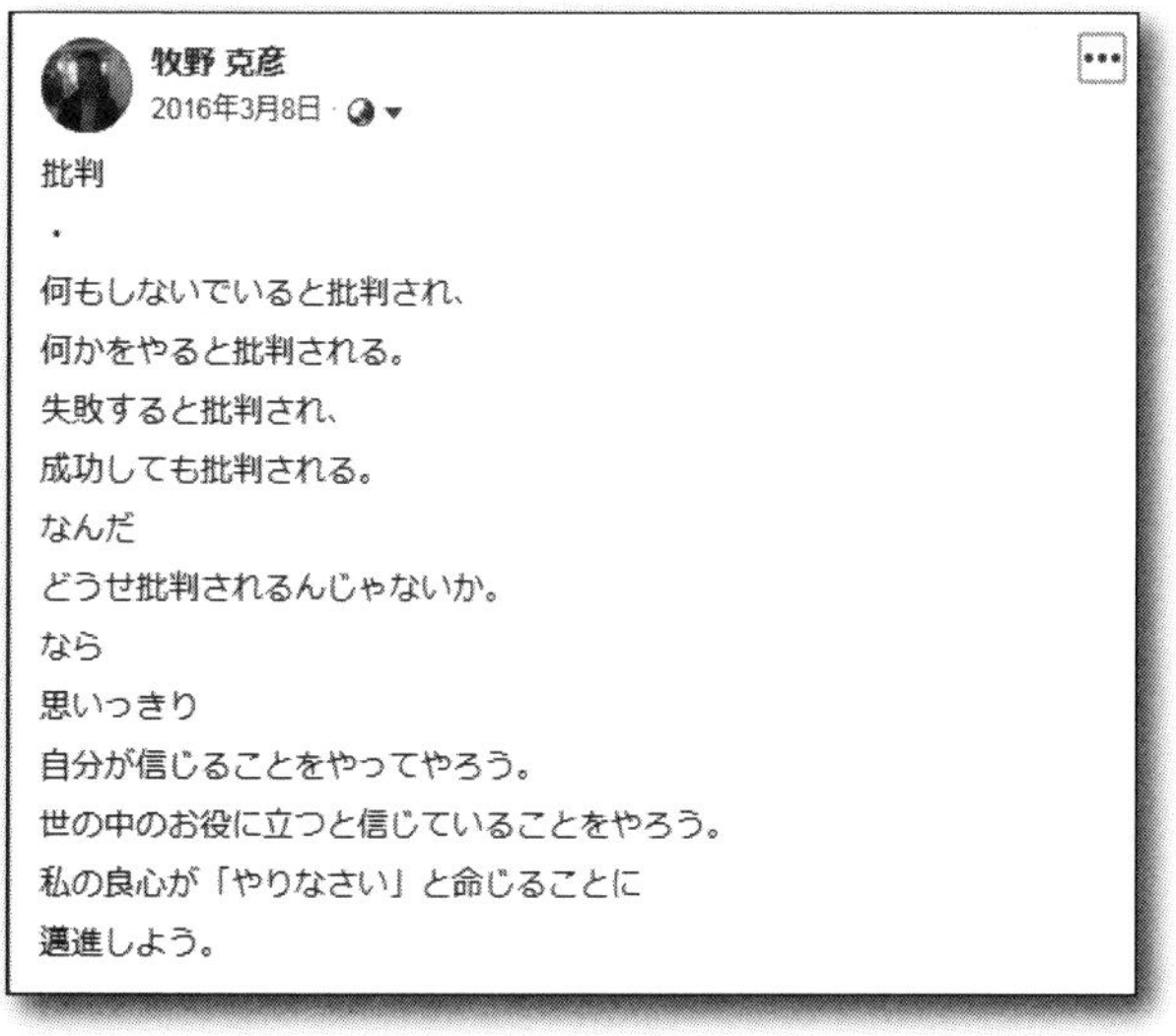
牧野 克彦
2016年3月8日 ·

批判
・
何もしないでいると批判され、
何かをやると批判される。
失敗すると批判され、
成功しても批判される。
なんだ
どうせ批判されるんじゃないか。
なら
思いっきり
自分が信じることをやってやろう。
世の中のお役に立つと信じていることをやろう。
私の良心が「やりなさい」と命じることに
邁進しよう。

「自分の信念」と「プライベート」を開示しよう！

②ライン↓　契約者および見込み客へのダイレクト連絡

ラインのグループラインは、仲間と情報共有するために使っています。

私が入っているグループラインは、同窓会、ゴルフ仲間、経営者仲間がそれぞれ3つずつ。ビジネスパートナーは6つあります。

メリットは、私とある人とのやり取りをそのグループ全員に共有できること。今の問題点や解決の経緯を共有でき、いちいち全員に知らせる手間がなくなることです。

ラインの活用のキモは、自ら積極的にグループラインを作り、幹事の役目をすること。すると、グループの1人ひとりに個別に連絡ができるようになり、人脈が広がります。

勉強会や研修会、趣味の会などに参加した際、初めてお会いした方に「ラインを交換しませんか?」とは言いづらいですが、**「今日のご縁を大切にしたいのでグループラインを作りませんか?」**という提案は、多数の方が受け入れてくださいます。

そして、幹事役を買って出て、グループ全員の縁の下の力持ちとして長年貢献することで、信頼につながり、結果、新らたな人脈が広がっていくのです。

個別にはつながりにくい人ともつながりをもつことができるので、結果として「新規見込み客」を増やすことにつながります。

上記のＦＢやラインなど、ＳＮＳを使っていないお客様には、**ショートメール（ＳＭＳ）**を使用するようにしています。これは、忙しい経営者や開業医への連絡手段としても最適です。

私は、出会った最初に携帯電話番号を聞いています。「お忙しいでしょうから電話はしませんが、アポイントなどの連絡を直接ショートメールでしてもよろしいでしょうか？」ときちんと目的を伝えれば、たいていは承諾していただけます。

このメリットは、経営者や開業医に受付を通さずにダイレクトに連絡をとることができるため、アポイントが取りやすくなり、新規見込み客として囲い込むことができることです。

以上のツールに共通して留意することは、**相手の個人情報は一切発信しない**ということ。情報が漏れたときに相手に迷惑をかけるだけでなく、賠償責任を負わなければならなくなる可能性があります。たとえば私の場合、ショートメールの使い方でいえば、重要機密の記載は避けて「〇〇の件について、メールしました。ご確認お願いします」などの連絡手段として使うようにしています。

7

「買う気」にさせるツール⑥——時々セールスレター

お客様からの連絡を増やす究極の方法

「面談後ハガキ」に「フォローハガキ」、さらには「定期便」や「バースデーカード」、そして「毎月メールマガジン」に「SNS」……。

前節までにお話したことを実行していると、「後から客」との関係は自然と深まっていきます。

一方的な情報提供ですが、続けることで信頼感が生まれていきます。

だから、「後から客」から見れば、あなたは**「よく知っている営業」**の1人。

「後から客」が買う気になったときには、向こうから連絡が来るようになるのです。

しかし、だからといって、「後から客」から次々に「買いますから来てください」と電話がかかってくるわけではありません。

では、どうすれば「後から客」が買う気になるのでしょうか？

また、買う気になったときに連絡が来るのでしょうか？

その答えが「時々セールスレター」なのです。

この「時々セールスレター」を効率的に活用すれば、「後から客」からの連絡を飛躍的に増やすことができます。

私の場合は、平均すると３カ月から４カ月に１回の割合で出していますが、回数や時期には、とくにこだわっていません。

おすすめしたい商品が出たときや、自分の会社が新しい取り組みやサービスを始めたときに出すようにしています。

「でも、セールスレターなんてつくったことないしなあ。具体的には、どんなふうにすればいいの？」

１３９ページをご覧ください。

私のセールスレターは**「３部構成」**になっています。

①メッセージ

一目で「あっ、これ私のこと！」と思ってもらうためのメッセージが最初に必要です。お客様を引きつけるキャッチコピーと考えてください。

②本文

今回のセールスレターの本文です。これは詳細に書きます。

③連絡先

これは、わかりやすく大きな字で書くことがポイントです。

この３つのなかで**一番大切なパートは①のメッセージ**です。ここで「後から客」の気持ちを引きつけないと、後の文章を読んでくれません。結果として、レスポンスも悪くなってしまいます。

では、どうすれば読んだ人の気持ちを引きつけ、レスポンスを高められるのか？

次の節から、そのための方法をお話していきます。

「時々セールスレター」は3部構成になっている

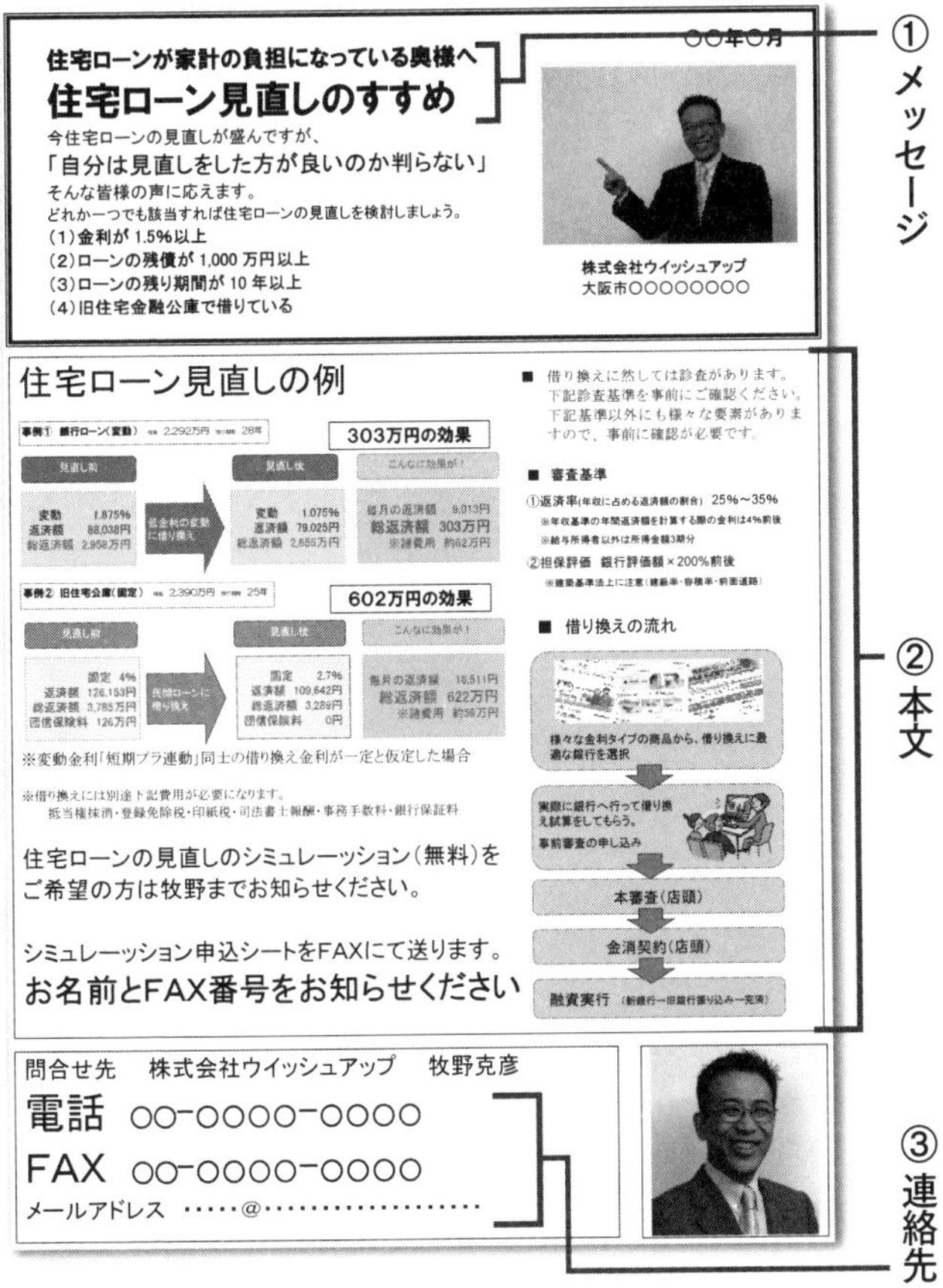

「①メッセージ」で「後から客」の気持ちを
引きつけられれば、レスポンスがグンとよくなる！

8

［レスポンスを高める秘訣①］

ターゲットを絞る

「後から客」の読む気を引きつけ、結果として行動（レスポンス）してもらう――。口でいうのは簡単ですが、いざそれを実行するとなると、なかなか大変です。

私自身、「時々セールスレター」を始めた頃は、１０００通出してレスポンスがあるのは２人か３人、場合によっては「０」などというときもありました。

当時の私は、１人でも多くの人の関心を引こうとして、幅広い人に関係のあることをテーマにしていました。

しかし、今になって考えれば当たり前のことなのですが、そもそも「後から客」の大半が強く興味をもっていることなどないのです。

まず、「後から客」の年齢や職業、収入や置かれているライフステージはそれぞれ違います。だから、すべての「後から客」が喜ぶようなセールスレターなどつくれるわけがないのです。

皮肉なことに、私は皆に興味をもってもらおうとして、結果的にだれも興味をもっていないことをテーマに選んでいました。

これでは、レスポンスを期待するほうがおかしいですよね。

そんなあるとき、フッと頭に浮かんできたことがありました。


「どうせ１０００人で２人、３人しか反応がないのなら、１割の人に絞ってメッセージを書いてみよう」


つまり、１０００人中１００人だけをターゲットにすることにしたのです。逆にいうと、１０００人中９００人を無視するということです。

ターゲットを絞ると、いろいろなテーマが次から次へと浮かんできます。

そうやってテーマを決めたうえで、そのターゲットのお客様が目にしたときに、

「あっ、**これ私のことだ！**」

と思うメッセージを最初に入れるようにしましょう。

以下は、ターゲットを絞るようになってから作成した「時々セールスレター」のメッセージの例です（カッコ内は、１０００人中の問い合わせの数）。

①３歳以下のお子様をもつお父さん・お母さんへ（35名の問い合わせ）
②もうすぐ定年退職を迎えるご主人様へ（13名の問い合わせ）
③来年保険料の更新（値上がり）があるお客様へ（38名の問い合わせ）
④保険料が負担になって減らしたいお客様へ（41名の問い合わせ）
⑤住宅ローンが家計の負担になっているご家庭へ（39名の問い合わせ）
⑥会社の決算が近づいてきた社長様へ（8名の問い合わせ）
⑦開業医のための財産の増やし方について（11名の問い合わせ）

いかがでしょう?

ターゲットを絞ったほうが、はるかにレスポンスの割合が上がっていますよね。

「このメッセージを見て、『これは自分に発信されたものだ』と思った『後から客』だけが、その後に続く本文を読んでくれればいい」

要は、このように割り切ってしまうのです。

ちなみに、テーマを考えるときのポイントは、以下のようになります。

- 独身・既婚・シニアなどで分ける
- 家庭状況で分ける（子どもがいる・いない）
- 子どもの状況で分ける（幼稚園から小中学校、高校、大学など）
- 職種で分ける（サラリーマン・経営者・士業など）
- 収入で分ける

ターゲットを絞ることのメリットは、他にもあります。

なんと、計算外の「後から客」からも連絡が来るようになります。

たとえば、「3歳以下のお子様をもつお父さん・お母さんへ」というメッセージのときは、こんな電話がありました。


「うちの子は4歳なんだけど、4歳だと有利な学資の貯め方はないの？」

「もうすぐ赤ちゃんが生まれるのだけれど、今からではできないの？」

「孫のためにしてあげたいのですが、詳しく教えてくれますか？」

「もうすぐ定年退職を迎えるご主人様へ」のときは……。


「うちの主人は昨年退職したのですが、今からでもできますか？」

「父が来年退職するのですが、父に説明してもらっていいですか？」


さらに、「住宅ローンが家計の負担になっているご家庭へ」というメッセージのときは、私が驚くほどの電話がありました。


「すみません。すぐに説明を聞きたいのですが、時間ありますか？」

「主人が今度の日曜日に家にいるのですが、来ていただいていいですか？」

「来年、家を買いたいのですが、今から詳しく知りたいのです」

「息子が2年前に家を買ったのですが、息子に説明したいので教えてください」


ターゲットを絞ると、ピンポイントでメッセージを届けられます。

だからこそ、レスポンスを飛躍的に高めることができるのです。

9 本文を詳細に長く書く

［レスポンスを高める秘訣②］

レスポンスを高める秘訣の１つに**「本文を詳細に長く書く」**というものがあります。

このことについては、最初から意識していたわけではありません。私の業界特有の事情によって、このようになってしまっただけなのですが、今ではそのことが幸いしています。

保険業界には、お客様の権利を守るための厳しい法律があります。

そのため各保険会社では、お客様に届ける文章に対して厳しい制約を設けています。

たとえば、１つの商品を案内するのに、その商品のリスクや注意点などをすべて書かないと認可されないのです。

こんな背景もあって、私の「時々セールスレター」も、注意書きの長い本文になることが多くなりました。

お客様にしてみれば、非常にわかりづらい文章であることは間違いありません。

しかし、世の中というのは何が幸いするかわからないものです。

「時々セールスレター」の最初に載っているメッセージを見て、その後の本文にお客様が興味をもったとします。しかし、その後に続いているのは非常にわかりづらい文章。

このような場合、２つのタイプの「後から客」から連絡が入ります。

①何度も読んで、きちんと理解して興味をもったごく一部の「後から客」

②「チラッと本文を読んだけれど、よくわからない。でも、興味があるから確認したい」という「後から客」

ここから私が学んだのは、**「人は興味をもつと、たとえ長くてわかりづらい文章でも読もうとする。そして、読んでわからなかった場合には問い合わせをする」**ということです。

そもそも、文章が長くてわかりづらいからといって、そこであきらめるようなお客様が契約になるというようなことは、まずありません。

これに気がついた私は、今では意図的に「時々セールスレター」の本文を長く詳細に書くようにしています。

そうすることで、以前よりもレスポンスを高めることに成功しました。

10 連絡先は大きくわかりやすく書く

［レスポンスを高める秘訣③］

レスポンスを高める秘訣の最後は、**「連絡先は大きくわかりやすく書く」**というものです。

いわれてみれば当然のことですが、意外にこれが盲点となっているので注意が必要です。

毎日のように届くＤＭ。

私も、最近は「時々セールスレター」の勉強材料として、すべてのＤＭに目を通しています。そのなかで、時々「欲しい」と思うものがあって電話をしようとするのですが、どこに電話番号が書かれているのかがわかりづらいＤＭが意外に多いのです。

パッと見てわからないと、すぐに電話をする気がなくなります。

「欲しい」とは思ったものの、なくても困らないものの場合、私は面倒なことをしてまで買いたいとは思いません。

そんなことから、私は連絡先は一番下に大きな字で目につくように書いています。

なお、ここで問い合わせを増やすちょっとしたコツをお話しておきましょう。

それは、「期間と数を限定した特典をつける」というものです。

たとえば、こんな具合です。

- ○月○日までにお問い合わせいただいた先着20名様に詳細を書いた小冊子プレゼント
- ○月○日までにお問い合わせいただいた先着10名様に今TVで宣伝中の人気キャラクタープレゼント（保険会社から提供されるもの）

ちなみに、ここに出てくる「○月○日」は、「時々セールスレター」を投函する日から10日後くらいにしておくとよいでしょう（実際には、投函後5日以内の問い合わせが90％以上です）。

ぜひ参考にしてみてください。

11 「後から客」の数が増えたらどう対応すればよいのか？

さて、以上で「『買う気』にさせる６つのツール」について、すべて説明したことになります。

ここまでのところをお読みになって、あなたはこう思ったかもしれませんね。

「それぞれの効果と使い方はわかった。でも、全部をやるのは、とても大変そう」

そのとおりです。

フォローは営業成績を上げるためにするものなのですから、必要以上に手間や時間がかかっては意味がありません。

そこで、私が「後から客」をフォローする際に心がけていることをお話しします。

私がこの章でご紹介したツールを使い始めた当初は、「後から客」の数もたかがしれていました。しかし、「一生断られない営業法」を実践していると、「後から客」は雪だるま式に増えていきます。

50人が100人、100人が200人、200人が500人、そしてついには500人が1000人……。

さすがに1000人を超えてくると、すべての「後から客」にすべてのツールを送り続けるということは、物理的に不可能です。

「このままでは、すべてが中途半端になる……」

思いあまった私は、お客様をA・B・Cの3つのグループに分けることにしました。

●グループA――経営者や開業医
●グループB――既婚者
●グループC――独身者

そのうえで、フォローの頻度や送るツールを変えることにしました。

次ページの図をご覧ください。

それぞれ、やることが微妙に違っていますよね。

ここでのポイントは、**グループB、グループCのお客様であっても、「フォローハガキ」**

「後から客」へのフォローを条件によって変える

【グループAのお客様】
- 3カ月に1回定期的に訪問
- すべてのツールを送る

【グループBのお客様】
- 6カ月ごとに電話をする
- 「フォローハガキ」以外のすべてのツールを送る

【グループCのお客様】
- 電話や訪問はしない
- 「フォローハガキ」以外のすべてのツールを送る

一度ひな形をつくれば、時間も手間もかからない！

以外のすべてのツールを送る、というところにあります。

なぜか？

すでにお話したように、「フォローハガキ」というのは、お客様ごとに手書きのメッセージを入れるものですから、そんなに数多く出せるものではありません。

それに対して、その他のツールは、仮に手書きを必要とする部分があったとしても、大量にコピーすれば十分に対応できます。

一度ひな形をつくってしまえば、時間も手間もそんなにかかりません。

そんな理由から、私はグループB、グループCのお客様に対して「フォローハガキ」以外のすべてのツールを送っているのです。

私の場合、こうして訪問や電話、さらには手書きの機会を絞ることで、時間を効率よく活用できるようになりました。そして、このようなフォローのスタイルを確立したことで、飛躍的に営業成績を伸ばすことができたのです。

なお、グループ分けについては、契約に至る確率や契約までの期間などで分けてもかまいません。

あなたの営業スタイルに合わせてグループ分けすることをおすすめします。

12 後は「果報は寝て待て」の心境で臨もう

さあ、この章でお話したいことはすべてお伝えしました。

後はお客様からの連絡を待つだけ――。

焦らなくても、必ず連絡が来ますから、安心して、やるべきことをコツコツと実行してください。

ここまでお読みになったあなたなら、もうおわかりだと思います。

そう、「一生断られない営業法」のキモは、お客様の意思を確認する一言**「今必要ですか？」**と、６つのツールを使った**「後から客」の囲い込み**にあるのです。

「今すぐ客」にはすぐに商談をする。

「後から客」にはツールを使ってフォローをし、確実に見込み客に育てる。

私は現在、１９８３人の「後から客」をフォローしています。

始めたときはわずか３人だったのが、最初の１年間で１８７人まで増え、その後も「一生断られない営業法」を実践し続けることで、１９８３人まで増やすことができました。

私は、この方法だけで見込み客を確実に増やしてきました。しかも、断られることなく、見込み客が増えていったのです。

見込み客さえ潤沢にいれば、営業は楽しいものです。

後は、「今すぐ客」と、買う気になった「後から客」と商談をして確実に契約に結びつけるだけです。

これまでと同様、次のステップも、やることは非常に簡単です。

しかも、お客様にもあなたにもストレスがかからないような仕掛けが随所にちりばめられています。

さっそく次の章へとお進みください。

第4章

クロージングしないで契約になる！商談のスムーズな進め方

1 商談から契約までは、4つのパートでできている

「確認の一言」によって、「今必要です」と答えた「今すぐ客」。

さらには、「今は必要ありません」と答えたものの、その後のフォローによって「買う気」になって連絡をしてきてくれた「後から客」。

この章では、いよいよ商談から契約に至るまでに何をすればよいのか、ということについて見ていくことにします。

次ページの図をご覧ください。

「ステップ③　商談から契約」は、４つのパートに分かれています。

「今すぐ客」に対しても「後から客」に対しても、基本的にやるべきことは同じなのですが、このステップまでに至る経緯からいって、とくに最初の段階では若干の違いがあります。

そこで、次の節では、そのあたりのことについてお話することにしましょう。

「ステップ③　商談から契約」の全体像

パート①　アイスブレイク

➡「後から客」はこのパートから始める

パート②　お客様の要望の確認

・質問をすることへの了解をもらう
➡「今すぐ客」はこのパートから始める
・自分自身のことから話す
・「YES」「NO」で答えられる質問から始める
・複数ある要望を２つに絞り込む　➡ここが一番重要！
・次回の面談のアポイントをとる

パート③　商品（プラン）の提案

・お客様の要望(大切な２つのポイント)を再確認する
・お客様のホンネに対応する
・お客様の要望を最終確認する

パート④　クロージングと契約

・お客様に感謝の気持ちを伝える
・お客様の相反する２つの感情を考慮する
・お客様にマイナスの感情を残さない

営業マンにもお客様にもストレスがかからない！

2 「今すぐ客」との商談で必ず心がけておくべきこととは？

前の節で、「今すぐ客」と「後から客」では、とくに最初の段階では若干の違いがある、といいました。

ここで、あらためて前ページの図を見てください。

最初のパートは「アイスブレイク」となっていますよね。じつは、「今すぐ客」の場合、この「アイスブレイク」はすでに終了していると考えてよいのです。

なぜなら、「今すぐ客」というのは、自己紹介の後の「確認の一言」で「今必要です」と答えたお客様だからです。したがって、基本的には「アイスブレイク」のパートは飛ばして、すぐに「お客様の要望の確認」に入ってしまってかまいません。

ただし、その前にやっておいていただきたいことがあります。

それは、「時間の確認」です。

●今日、この続きで商談をする時間があるのか？
●その場合、どのくらいの時間があるのか？

さらに、「今すぐ客」に対しては、以下のことについても配慮しておく必要があります。

① 「今すぐ客」は気持ちの準備ができていない

「今必要です」とは答えたものの、「今すぐ客」からすれば、事前にいろいろなことを考えていたわけではありません。

したがって、あなたが「お客様の要望の確認」をする際には、お客様の気持ちを察しながら、ゆっくりと話を進める必要があります。あなたの質問に対して、「今すぐ客」が的を射た答えができないことは十分に考えられるのです。

たとえば、生命保険の場合でいえば、

「今どんな生命保険に加入されているのか、ご理解されていますか？」
「○○さん（お客様の名前）に必要な保障はどのような形だと思われますか？」
「今後、どんなときに困ると考えて今の生命保険に加入されましたか？」

などということをいきなり質問されても、すぐに答えられるわけではありません。

私の場合は、次のように進めています。

私

「自分の生命保険について日頃から考えている人はいません。だから、『今どんな生命保険にご加入ですか？』と尋ねられてもわからないのが普通ですが、いかがでしょうか？」

お客様

「そうですね。私もまったくわかりません」

私

「ありがとうございます。普通そうですよね。だから2分間だけ、生命保険の仕組みについてお話ししたいのです。生命保険の基本的なことを理解されてからいろいろと考えていただいたほうが、よりスムーズだと思うのですが、よろしいでしょうか？」

お客様

「はい、お願いします」

このように、「今すぐ客」にストレスをかけないように細心の注意を払いながら、ゆっくりと商談を進めるようにしています。

②場合によっては商談は次回にする

「今すぐ客」に対しては、一刻も早く商談を進めたくなるものです。

しかし、「今すぐ客」の都合によっては、商談を次回に延ばすことも必要です。

時間的に余裕がないときはもちろんのこと、家族に聞かないと答えられないことがあったり、家族の承認が必要なこともあるかもしれません。また、自分のことでも、確認しなければわからないことがあるかもしれません。

そんなときは、迷わず**「では、あらためてお話する時間を決めましょう」**といって次回の面談のアポイントをとるようにしてください。その際には、次回までに確認しておいてほしいことを個条書きにしてお客様に渡しておくと、その後の流れがスムーズになります。

いかがでしょう？

実際、以上のような配慮をすれば、「今すぐ客」があなたからストレスを感じるようなことはなくなります。

裏返せば、「今すぐ客」は、あなたと商談をすることにストレスを感じると、すぐに「後から客」に変わってしまいますから、十分に注意してください。

3 「後から客」から連絡があったときに絶対にしてはいけないこととは？

次に、「後から客」との商談に進む前に知っておいていただきたいことについてお話しします。

それは、「後から客」から**「連絡」**をいただいたときの対応です。

まずは、喜びすぎて失敗した私の例からお話しします。

長年、フォローを続けていた「後から客」から電話が入りました。

お客様「牧野さん、久しぶりです。いつもハガキやメールをありがとう。バースデーカードは毎年、楽しみにしています」

私「わざわざありがとうございます。喜んでいただけると、私も嬉しいです」
（私の心のなか：「やったあ！　わざわざ電話してきたのだから、きっと私の商品を買ってくれるに違いない」）

私　「ところで、今日は何かご用でもあるのですか?」

お客様　「そうなんです。じつは以前にお話を伺った生命保険のことでお聞きしたいことがあって電話しました。お忙しいなかすみませんが、一度来てくれませんか?」

私　「はい、喜んで伺います。ありがとうございます。いつにしましょうか?」

お客様　「〇月〇日の午後2時にお願いできますか?」

私　「はい、大丈夫です。伺います」(ここまではスムーズに進みました。今にして思えば、ここで電話を切ればよかったのです。ところが、舞い上がってしまった私は、ついこの段階で売り込みモードになってしまったのです)

私　「生命保険の見直しをされるのですね。ありがとうございます。そのために大切なことは、①………、②………、③………です。次に予算も大切です。毎月いくらまでなら払えるか、考えておいてくださいね。また、奥様のご意見も大切にしたいと考えていますので、ぜひ奥様にもご同席をお願いしたいのですが、その日の奥様のご都合はいかがでしょうか?」(お客様の考えや気持ちもよく聞かないで、いきなり長々と説明を始めています)

お客様「いや、まだ見直すと決めたわけではありません。とりあえず一度検討してみようと思ったのです。

そこで、日頃から何かと情報を提供してくれている牧野さんなら、何でも正直に教えてくれると思って連絡したのですが……（しばらく沈黙が続く）。

もう少し考えてから、あらためてまた電話します。妻の都合も聞いていませんので、いったん○月○日の午後2時はキャンセルさせてください」

いかがでしょうか?

典型的な失敗パターンです。

せっかく有望な見込み客に変わった「後から客」も、いきなり営業モードに変身した私のことを敏感に感じとって、あっという間に「後から客」に逆戻りしたのです。

当然のことですが、このお客様からは二度と連絡がありませんでした。

さて、「後から客」から連絡があったときには、以下の2つのことだけをするようにしてください。

①「後から客」が連絡をしてきた意図を聞く
②面談の日時を決める

それ以外は、この段階では必要ありません。


さあ、面談の日が決まりました。

しかし、面談の前に、さらに1つだけやっておいていただきたいことがあります。

それは、**「面談前ハガキ」**を送る、ということです。

次ページをご覧ください。

たかがハガキと思われるかもしれませんが、この1枚のハガキには「後から客」の気持ちを和らげる効果があります。

自ら連絡してきた「後から客」ですが、やはり営業マンと面談をすることに対しては多少の警戒心があるものです。だから、あなたの気持ちを伝える1枚のハガキは、思いのほか効果があるのです。

もう、ここまでやれば、準備は万全です。

いよいよ各パートについて詳しく見ていくことにしましょう。

アポイントがとれたら「面談前ハガキ」を送ろう

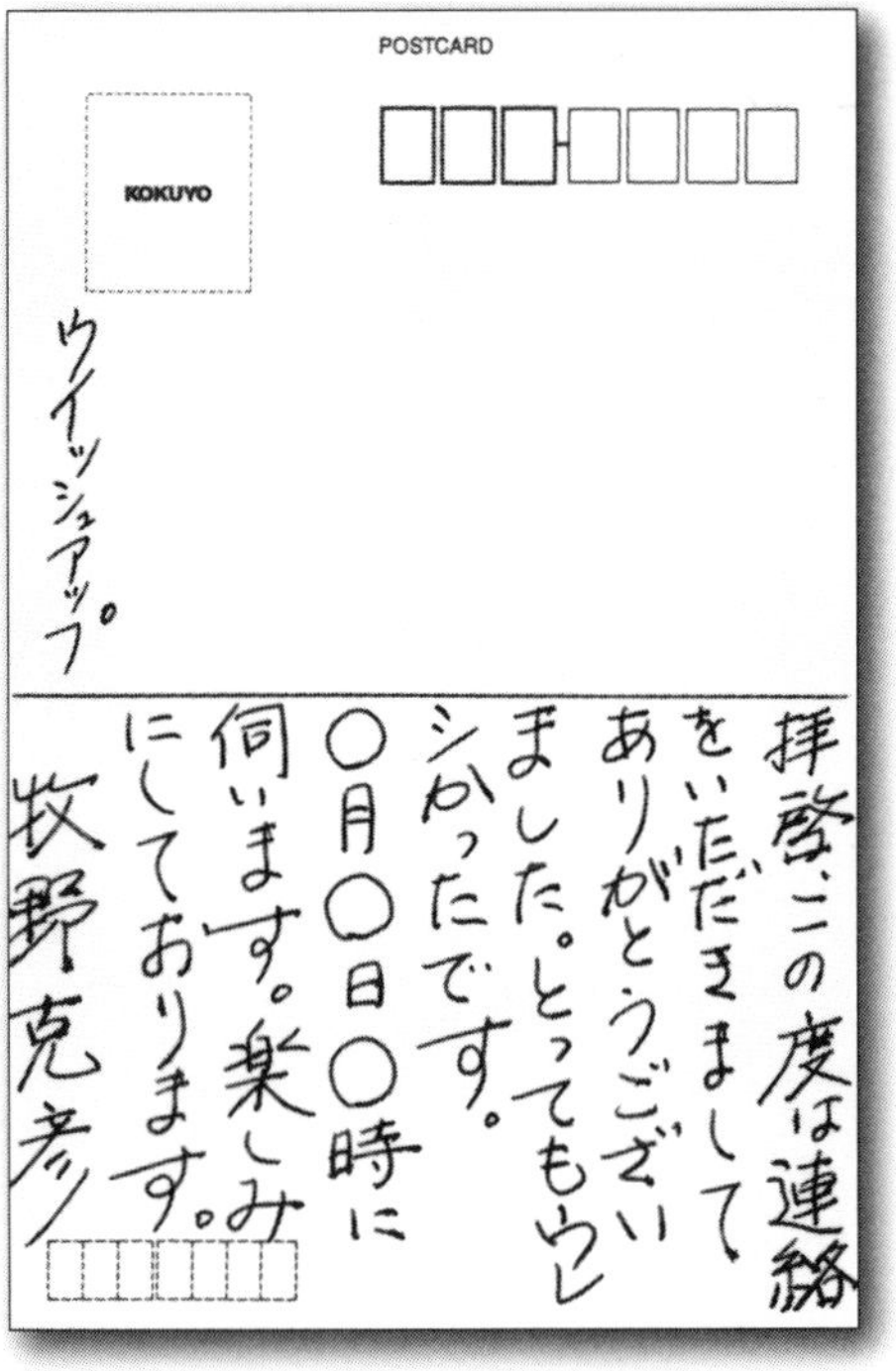
POSTCARD
KOKUYO
ウイッシュアップ
拝啓、この度は連絡
をいただきまして
ありがとうござい
ました。とってもうれし
かったです。
○月○日○時に
伺います。楽しみ
にしております。
牧野克彦

この1枚のハガキで
「後から客」の気持ちを和らげられる！

4 アイスブレイクをするときのポイントは3つある

「ステップ③　商談から契約」は**「アイスブレイク」**のパートから始まります。

すでにお話したように、「今すぐ客」に対しては、原則としてこのパートで説明することをやる必要はありません。

久しぶりにお会いさせていただく「後から客」――。

「アイスブレイク」は、そんな「後から客」とスムーズに商談を進めていくために必要なパートなのです。

ここで、「アイスブレイク」の目的を定義しておきましょう。

「アイスブレイク」の目的は、その先の商談においてお客様に正直に話してもらえるように、**「あらためてお客様の警戒心を下げる」**ことにあります。

お客様が正直に話してくれれば「お客様の要望の確認」から「商品（プラン）の提案」、そして「クロージングと契約」までがスムーズに進みます。

その意味でも、このパートの役割は大変重要なのです。
では、具体的には、「アイスブレイク」では何をすればよいのか？
それは、以下の3つがあげられます。

①簡単に答えられる質問から始める
②営業マンに対する不満を聞く
③商品に対する不満を聞く

次の節から、それぞれを詳しく見ていくことにしましょう。

5 ［アイスブレイクの方法①］簡単に答えられる質問から始める

まず、あなたに心がけていただきたいのが、**「簡単に答えられる質問から始める」**ということです。

久しぶりに会った営業マンから、いきなり商品について説明をされる――。

これでは、お客様は警戒するだけですよね。

したがって、まずはお客様が簡単に答えられる単純な質問から始めるようにしてください。

一番答えやすい質問は、**「今回、連絡をいただいた理由の再確認」**です。すでに電話でも聞いていることなのですが、再確認をすることで、次の2つの効果が期待できます。

- 「後から客」自身に今回の目的を再確認してもらうこと
- 他に目的や聞きたいことがないのかを確認してもらうこと

具体的には、こんな感じになります。

「このたびは、ご連絡いただきまして、ありがとうございました。とても嬉しかったです。先日、電話でもお聞きしたことで恐縮ですが、今回はどのようなご用でご連絡いただいたのか、あらためて詳しくお聞かせ願えないでしょうか？」

この質問に対する答えは、2つに分かれます。

1つめは、

「生命保険の見直しをしたいと思って連絡しました」

「今回の車検で車の買い替えをしたいのです」

など、商品に対してお客様が積極的になっていることが感じられる答えです。

この場合には、

「ありがとうございます」

といって、そのまますぐに次のパート「お客様の要望の確認」に進んでください。すでに商品に対して積極的になっているわけですから、これ以上「アイスブレイク」をする必要はありません。

2つめは、

「ちょっと確認したいことがあったから……」

「今後のために参考程度に聞いておこうと思って」

など、あまり積極的でない答えです。

「アイスブレイク」が大切になるのは、２つめの答えの場合です。

「自分から連絡してきて、その程度のことか」

あなたからすれば、そう思えるかもしれません。

でも、よく考えてください。

本当にその程度の気持ちで、営業マンであるあなたと面談するでしょうか？

わざわざ連絡をしてきて、あなたと会う時間をつくっているのです。本当は用があるのです。ただ、いきなり営業マンであるあなたにホンネはいいづらいだけ。

だから、この答えはあまり気にする必要はありません。

「それはありがとうございました。何でもお聞きくださいね」

といえばよいのです。

あなたが何でも受け入れるような対応をすれば、自然とお客様の気持ちもほぐれていくことでしょう。

6

［アイスブレイクの方法②］

営業マンに対する不満を聞く

お客様への簡単な質問、すなわち今回ご連絡をいただいた理由の再確認が終わったら、さらにお客様の気持ちをほぐすための質問を切り出しましょう。

「○○さん（お客様の名前）は、どんな営業をされると嫌ですか？」

「今までに一番困った営業マンはどんなことをしたのですか？」

このような聞き方をすると、私の経験では8割以上のお客様が何らかの形で答えてくれます。

答えのなかで多かったものをあげると、以下のようになります。

「私の話も聞かないで一方的におすすめ商品の説明を始める営業マンは困るね」

「『お願いですから買ってください』といわれることです」

「『今買うとお得ですから』とか、『今買うと大幅値引きがあります』といって、欲しくもない商品をすすめられることです」

「『今月の目標にあと1件足りないので、何とか今日決めてください』といわれても、私にだって都合があるし、そもそも営業マンのために買うわけではありませんからね」

いかがでしょうか？

すべて営業マン側の都合の押しつけですよね。

私は、お客様のいっていることはもっともなことだと感じました。

ちなみに、このときに留意するべきことは、**「お客様はあなたのことをいっているのではない」**ということです。

なかには、

「私ならそんなことはしません」

「私はお願いすることはありません」

と反論する営業マンも見かけますが、そんなことをしても逆効果にしかなりません。

ただ、黙って聞いていればよいのです。そして、

「なるほど、それはお困りでしたね」

「それはいけませんね」

などといった具合に、時々**「共感の気持ち」**を表現すればよいのです。

そのうえで、お客様が不満を話し終えて一息ついたことを確認してください。

必ず、**お客様が黙る瞬間**がやってきます。それが不満を話し終えたサインです。

あなたは、そのときに心を込めていってください。

「それは大変ご迷惑をかけましたね。同じ営業をしている者としてお詫びします。申し訳ありませんでした」

このようにいえば、どうなるでしょうか?

お客様は、こういってくれるはずです。

「あなたのことをいっているわけではないのよ。あなたは悪くないのよ」

私の場合など、ほぼ10割のお客様がそういってくれました。

お客様にしてみれば、従来の営業マンに対する不満を話したことと、その不満を目の前の営業マンが受け止めてくれたことで安心するのです。

そのうえで、お詫びまでしているのです。

お客様にしてみれば、

「お前も同じなんだろう」

とはなりません。逆に、

「もしかしたら、○○さん（あなたのことです）は、いい人かも。信頼できるかも」となるのです。

実際、私の場合、この一言をいった後、すぐに具体的な商談に進むお客様の割合は8割を超えているほどです。

お客様の営業マンに対する不満をしっかり受け止め、その営業マンになりかわってお詫びをする――。

そうすると、お客様から見たあなたの価値が変わります。

具体的には、「売りに来た営業マン」から、「不満に耳を傾けてくれる相談相手」に変わるのです。

こうなると、お客様にすれば、あなたの話を「聞かない」理由はありません。

商談がスムーズに進むこと間違いなしです。

7

［アイスブレイクの方法③］

商品に対する不満を聞く

「アイスブレイク」の段階では、**「お客様が今使っている商品の不満を聞く」**ことも大切な作業です。

今使っている商品に100％満足していれば、お客様はあなたに連絡をしてくることはありません。

何かしらの不満や困ったことがあるのです。

では、お客様の不満を知るには、どうすればよいのでしょうか？

それには、**「直接聞く」**にかぎります。

「お使いいただいて、不便なところや気にかかることはありませんでしょうか？」
「お使いいただいて、困ったことはありませんでしょうか？」
「今度買うとしたら、どんな機能があればよいでしょうか？」

このように聞けば、不満は大量に集まります。

私の生命保険営業の場合でいえば、こんな不満をよく聞きました。

「私は掛け捨てが嫌いといっていたのに、掛け捨てだったのよ」

「一生涯の保障と聞いていたのに、大きな保障は60歳でなくなるのよ」

「子どもの学資を貯めるために加入したのに、元本割れするのよ」

では、なぜ商品の不満を聞くことがアイスブレイクにつながるのでしょう?

それは、**「商品への不満を熱心に聞く、お客様の側に立った営業」**ということで、お客様の警戒心がさらにほぐれる、つまり信頼感がアップするからです。

お客様にしてみれば、それまでのやりとりのなかで、あなたへの信頼はかなり高まっています。


それに加えて、さらに商品の不満まで聞いてくれる――。


お客様の警戒心を解き、信頼を高めるうえで、ダメ押しのような役割を果たしてくれるわけです。

なお、商品への不満をじっくり聞いておくことには、意外なメリットまであります。

それは、「他のお客様の商談でも使える」ということです。

私は、お客様からの不満を、次のように使って新規開拓をしています。

「最近、△△（お客様に聞いた不満）との不満をおもちのお客様が多いのですが、○○さん（お客様の名前）の場合はいかがでしょうか？　もしそうであれば、私はそんな不満を**解決することができるのですが、ご興味ありませんか？**」

実際、このトークはけっこう使えます。

何しろ、その商品を使ったお客様の「生の声」であるわけですから、説得力が違います。

あなたも、ぜひ参考にしてみてください。

さて、ここまでのところでは、「簡単な（連絡をしてきてくれたことへの）質問」に始まり、「営業に対する不満」と「商品に対する不満」の確認という具合に、アイスブレイクでやっておくべきことについて見てきました。

ここで、あなたはこう思ったかもしれませんね。

「アイスブレイクの完了の見極めはどうすればいいの？」

その答えは、とても簡単です。

3つの質問に対するやりとりが終わった後に、お客様が5秒から10秒黙る――。

これがアイスブレイク完了のサインです。お客様が沈黙をするというのは、とりあえずすべての不満を吐き出し、さらにはあなたへの警戒心もほぼ完全にほぐれた、ということなのです。

そのうえで、さらに確認の質問をしましょう。

「他に何か私に聞いておきたいことはありませんか？」

お客様が「ええ、とくにありません」「はい、ありません」と答えれば、アイスブレイクは完了です。

8 ここが肝心、「お客様の要望」をどう聞き出すか？

さて、「アイスブレイク」が終了したら、次のパート「お客様の要望の確認」に進みます。

このパートの目的は、「お客様にピッタリの商品を、営業マンであるあなたが知ること」にあります。

ここがしっかりできていると、次のパート「商品（プラン）の提案」がとてもスムーズに進みます。

したがって、ここでお客様の要望を詳しく確認することは本当に大切なのです。

具体的には、次ページのような流れで進めていきます。

面倒に思えるかもしれませんが、実際にやってみると、意外なほどラクにできるので、ご安心ください。

それでは、さっそく次の節から個々に見ていくことにしましょう。

「お客様の要望の確認」をするときの手順

① 質問をすることへの了解をもらう

② 自分自身のことから話す
➡静かに淡々と話す

③「YES」「NO」で答えられる
質問から始める

④ 複数ある要望を２つに絞り込む
➡お客様の要望をすべて叶えようとしない

⑤ 次回の面談のアポイントをとる

この手順を踏めば、
「商品（プラン）の提案」がスムーズに進む！

9

［お客様の要望の確認①］

質問をすることへの了解をもらう

「アイスブレイク」が終了したら、まずしていただきたいことがあります。

それは、お客様に「了解の一言」を投げかける、というものです。

「○○さん（お客様のお名前）にピッタリの最適な提案をするために、○○さん（お客様のお名前）のご要望やご希望をお聞かせいただきたいのですが、よろしいでしょうか？」

この一言で了解がとれると、その後の展開がグンとラクになります。

お客様は自分にピッタリの商品を知るために、自分のことを正直にあなたに話すといっているのです。お客様の警戒心はほぼ完全に解け、気持ちが購入に向かっているといっても過言ではありません。

さて、お客様は自分の要望や希望をあなたに話すことを了解しました。

このときに有効なのが、次の一言です。


「必要なことだけお聞きしますので、教えてくださいね」


「だけ」をつけることで、警戒心が一気にほぐれていきます。

ところが、残念なことにそれだけでは素直に話してくれるお客様は2割しかいません。

やはり、急にそういわれても、通常は話しづらいものなのでしょう。

では、その場合は、どうすればよいのでしょうか？

お客様が話したくないようなそぶりや態度をしていたら、黙って待ってみてください。

しばらくすると、お客様のほうから話し出します。私の経験でいうと、３割のお客様は自ら話し出します。

さあ、これで5割のお客様が話してくれました。

でも、まだ5割のお客様は話し出そうとはしてくれません。

どうすればよいのでしょう？

10 自分自身のことから話す

［お客様の要望の確認②］

自分の要望や希望を話すことを了解してくれたのにもかかわらず、それでもなかなか話し出そうとしないお客様――。

その場合には、まずは**「あなた自身のこと」**を話すことから始めましょう。

- あなたの商品に対する思い
- 実際にあなたが商品を使ったときの感想――不便な点や使いやすい点など

私は生命保険の営業ですから、以下のことを話していました。

- 私の家族に対する思い――妻のこと、子どもの教育に対する考え方など
- 私の将来の不安――老後の生活資金や病気になったときの不安

●私の保険に対する価値観――「掛け捨てが嫌い」「途切れない保障が好き」など
●私の保障内容――上記を踏まえて、私がどのような保険に加入しているのかについて

正直に、ありのままを話すことがポイントです。

次に、**「他のお客様」**のことも話してください。

●商品を使っているお客様の感想――不便な点や使いやすい点など
●この商品を使ってお客様の生活がどのように素晴らしくなったのかということ

他のお客様の話をすることで、目の前のお客様に「自分の要望は何か？」ということを具体的にイメージしてもらうのです。

コツは、**「静かに淡々と話す」**ところにあります。

なぜなら、お客様はあまり情熱的に迫られると、逃げ出したくなるからです。

まず、自分自身のことを話して、次に他のお客様のことを話す――。

こうすれば、ほとんどのお客様が自分の要望や希望を話してくれるようになります。

11

［お客様の要望の確認③］

「YES」「NO」で答えられる質問から始める

さあ、ようやくお客様が自分の要望や希望を話してくれる態勢が整いました。

お客様が話し出したら、「YES」「NO」で答えられる簡単な質問から始めましょう。

たとえば、こんな感じです。

「○○さん（お客様の名前）は、△△の点についてお困りではありませんか？」

「最近、△△の機能が欲しいとのご意見をよくいただくのですが、○○さん（お客様の名前）もそんな機能があればよいと思いますか？」

いきなり難しいことを聞かれても、お客様は戸惑うばかりです。あくまでも、簡単に答えられる質問から始めることが大切です。

お客様が質問に答えてくれるようになったら、徐々に質問の内容を変えていきます。

具体的には、お客様がしっかり考えないと答えられないような質問に変えていくのです。

「今度追加になった新しい△△の機能についてどう思われますか？」

「○○さん（お客様の名前）とご家族にとって必要な機能はどの機能でしょうか？」

その質問をするときに心がけることは、**「お客様の要望や希望を最優先で聞く」**ことです。

と同時に、確認と同意の言葉を投げかけながら聞くようにしてください。

【確認の言葉】

「なぜ、そう思われるのですか？」

「奥様はどう思われます？」

【同意の言葉】

「なるほど、そういった理由なんですね」

「素晴らしいですね」

以上のように、お客様の話す言葉を確認しながら、あわせて同意をしていくのです。

このレベルの質問に答えてくれるようになると、お客様の警戒心は完全になくなっていると考えてよいでしょう。

12

［お客様の要望の確認④］

複数ある要望を2つに絞り込む

お客様がいろいろと要望を話してくれました。

あなたは、さっそくすべての要望を叶えようと考えをめぐらせることでしょう。

しかし、残念ながら、それではうまくいきません。


お客様から聞いた要望をすべて叶えようとしてはいけません。


もちろん、本当にすべてを叶えることができるのなら素晴らしいことです。

しかし、たいていの場合（商品にもよりますが）は、すべてを叶えようとすると、どこかで不具合が生じてしまうものです。

それでは、かえって逆効果ですよね。

実際、すべてを叶えようとすると、本当に失敗することが多くなります。

お客様は、あなたにいろいろと要望を話したかもしれません。

しかし、現実的にはお客様は本当にすべてを必要としているわけではないし、すべてを叶えようとしているわけでもないのです。

では、どうすれば本当に必要なものだけを知ることができるのでしょうか？

私は、次のようにいうことにしています。

「○○さん（お客様の名前）、今回商品を検討するうえで、とくに大切に考えるポイントを２つ教えてください」

この「２つ」というところがポイントです。

１つでは少なすぎます。かといって３つ以上になると、その要望に応じられないケースが多くなります。だから２つなのです。

また、この質問には、お客様に次のように思ってもらえる効果もあります。

「この営業（あなた）は、私のことを一番大切に考えてくれている」

想像してみてください。

すべてのことを安請け合いして、結果としてその期待に応えられない営業マンと、本当の意味でお客様の立場になって、できることをしっかりとやろうとする営業マン。

お客様が後者のような営業マンから買いたいと思うのは当然ですよね。

また、この2つの大切なポイントを聞くことは、お客様の価値観を知るうえでも重要なことですし、さらにいうと、これはお客様の警戒心が解けたかどうかの最後の確認でもあるのです。

さあ、2つの大切なポイントが聞けました。

後はお客様の要望を叶えることだけをすればよいのですが、この先は扱う商品によって2つのケースが考えられます。

【即決できる商品】

即決できる商品の場合は、まず、いろいろと話をしてくれたお客様にお礼をいったうえで、あらためて要望の確認をします。

「○○さん（お客様の名前）の要望は、①……、②……で間違いないですか？
そうであれば、ピッタリの商品はこちらです。
この商品の特徴は、お客様の①の要望には……、②の要望には……。
2つの要望を十分叶えていると思うのですが、いかがでしょうか？」

このように話してください。
要望にピッタリの商品があれば、その場で契約を決めてしまいましょう。

【即決できない商品】
即決できない商品の場合には、次のように話します。

「ありがとうございました。今日はおかげさまでいろいろと教えていただきました。
次回は今日伺いました2つの大切なポイントを踏まえて、お客様の夢や希望を叶え、不安を解消する商品（プラン）をもってまいります。ご期待くださいね」

このように話すと、お客様の期待がふくらみます。

そのうえで、さらにこう続けてください。


「もし、お客様のご要望どおりの商品（プラン）がありましたら、前向きにご検討いただけますか？」

この言葉に対するお客様の答えが、

「そうですね。要望どおりで気に入ったら前向きに考えます」

というものだったら、成約率は8割以上と考えてよいでしょう。

後は、あなたがお客様に喜ばれる商品（プラン）を次回提示するだけです。

もし、お客様の答えが、次のようなものだったらどうでしょう？

「いや、まだ購入を決めているわけではありません。とりあえず商品（プラン）を確認します」

この場合の成約率は5割といったところでしょう。

でも、5割もあるのです。まだ十分にチャンスはあります。

13

［お客様の要望の確認⑤］

次回の面談のアポイントをとる

さて、即決できない商品の場合は、面談の最後に**「次回の面談のアポイント」**をとることになります。

この段階では、お客様もすでに自分の要望を話しているので、抵抗なくアポイントをとらせてくれるはずです。

臆することなく、しっかりとアポイントをとるようにしてください。

めでたく次回の面談の日時が確定したら、最後に伝えることがあります。

それは、お客様の状態で２つに分かれます。

まず、「要望どおりで気に入ったら前向きに考えます」と答えたお客様には、次回に準備してほしいもの、具体的には購入の手続きに必要なものを伝えてください。

次に、「いや、まだ購入を決めているわけではありません。とりあえず商品（プラン）を確認します」と答えたお客様には、こう確認してください。

「もし、次回に気に入っていただいた場合のことなのですが、購入に当たっての手続きのときに必要なものについてご説明してもよろしいでしょうか？」

私の経験では、このように確認をとった場合には、8割以上のお客様が、

「では聞いておきます」

といってくれました。

少し気遣いをして確認をとることで、次の面談がさらにスムーズに進むのです。

さあ、次は**「商品（プラン）の提案」**です。

お客様から必要な情報を聞いてから提案をするのですから、とてもラクですよね。

14 商品（プラン）を提案する際にはここに気をつけよう

最初に、「商品（プラン）の提案」をする際に心がけることについて話しておきましょう。

それは、お客様が購入した場合の「メリット」を明確に伝えることです。

具体的には、次のような流れで提案していくとよいでしょう。

①お客様の要望（大切な2つのポイント）を再確認する

まずは、お客様が大切に考えている2つのポイントについて確認します。

「お客様からお聞きした『大切な2つのポイント』はこれとこれで間違いないですか？」

この2つのポイントの確認が一番大切です。

ここで、しっかりとお客様の同意をとりましょう。

そのうえで、このように切り出します。

「この商品（プラン）は○○さん（お客様の名前）からお聞きした『大切な2つのポイント』を中心に考えた商品（プラン）です」

そして、こう続けます。

「私の説明で1カ所でも不明な点、わかりにくい点、納得のできない点があれば、遠慮せずにおっしゃってくださいね」

この言葉が後から威力を発揮するのです。必ずいうようにしてください。

ここから説明が始まります。

「お客様の1つめのご要望に対しては、このような商品（プラン）にしました。だから、お客様にとって△△のメリットがあります。次に2つめのご要望に対しては、このようなプランにしました。だから、お客様にとって□□のメリットがあります」

1つひとつの要望に対して丁寧に説明してください。

最後まで説明が終わったら、この一言で決めましょう。

「何か疑問な点やわかりにくい点、納得のいかない点などはありませんか？」

再度、確認するのですが、ここで先ほどの「私の説明で１カ所でも不明な点、わかりにくい点、納得のできない点があれば、遠慮せずにおっしゃってくださいね」の言葉が効いてきます。

私の経験では、９割以上の方が「とくにありません」となります。

こうなれば、後は簡単です。

「とくにないようでしたら、申込の手順について説明させていただきます」

といって契約書を出して申込の手順について説明を始めればよいのです。

ここまでスムーズにいくと、このまま契約になりそうですが、さすがに現実はそんなに甘いものではありません。

「ちょっと待ってください」

じつは、この場面でお客様の**「ホンネ」**が出てくることが８割を超えます。

②お客様のホンネに対応する

「ちょっと待ってください。もう少しよく考えないと……。今日は、すぐに返事をするとは思っていなかったものですから……」

いよいよお客様のホンネが出てきました。

ここからが本番です。

お客様の質問や疑問、不安に丁寧に答えましょう。

ここで怒った様子を見せたり、「だって先ほど疑問な点やわからない点はないといったじゃないですか」などとお客様を責めてはいけません。

にっこり笑って、こういってください。

「ありがとうございます。よく教えてくださいました。では、一緒に解決方法を考えましょう」

すると、たいていの場合、次のような流れで話が進んでいきます。

お客様「そうですね」

私「どのようなところにご納得がいかないのですか？　またはわかりづらい点はどんなことですか？」

お客様「じつは、この部分が少し私の考えと違うように思うのです」

私「ありがとうございます。なるほど、そう思われるのもムリはないですよね。では、一緒に解決方法を考えましょう」

その場でお客様の考えに沿って商品（プラン）を変更します。
そのうえで、あらためてこう確認しましょう。

「他に何かわかりづらい点などはありませんか？」

このやりとりを何度か繰り返すと、徐々にお客様のなかにあった**「契約をするに当たっての障害」**が消えていきます。
つまり、お客様のなかに「契約しない」理由がなくなるのです。

③お客様の要望を最終確認する

ここまで来たら、後はクロージングに向かって突き進むだけです。

「他に何かわかりづらい点などはありませんか？」

というあなたの問いかけに、

「ありません」

とお客様が答えたら、こういいましょう。

「ないようでしたら、申込の手順について説明します」

「はい、お願いします」

この言葉がお客様の口から出たら、もう大丈夫です。

9割を超える確率で契約になります。

15 もう、クロージングのことは意識しなくていい！

ついに最後のパート「クロージングと契約」までやってきました。

ただし、「一生断られない営業法」の場合、基本的にクロージングは不要です。なぜなら、その前のパート「商品（プラン）の提案」がそのままクロージングへと続いているからです。

したがって、とくにクロージングを意識する必要はありません。

具体的には、次のことさえきちんとできていれば、スムーズに契約を勝ち取ることができます。

①お客様に感謝の気持ちを伝える

まず、クロージングの段階までおつき合いいただいたことについて、感謝の気持ちを伝えましょう。

私の経験からいっても、感謝の気持ちがお客様に伝われば、契約へのハードルはグンと低くなります。

「今回はお客様のご協力のおかげで、私も納得のできるいい商品（プラン）をおすすめすることができました。ご協力、本当にありがとうございました。感謝いたします」

このように話せば、お客様の購入の満足度は100%近くになることでしょう。

お客様は気持ちよく契約の手続きへと進むのです。

②お客様の相反する2つの感情を考慮する

契約のときに気をつけていただきたいことがあります。

それは、「捺印するときのお客様には、相反する2つの感情がある」ということです。

1つめは、新しい商品が手に入ることへの期待と、その商品を使うときの楽しみです。

つまり、ワクワクした気持ちになるのです。

2つめは、お金を失うことに対する悲しみです。

せっかく稼いだお金が出ていくのです。だれもが少しは寂しい気持ちになるものです。

したがって、あなたは**「淡々と契約の手続きを進める」**ことが大切です。

あまり浮かれていると、そのあなたを見てお客様は嫌な気分になるかもしれないことを心の片隅にとめておいてください。

③お客様にマイナスの感情を残さない

契約の段階でお客様にマイナスの感情を残しておくと、その後、営業マンであるあなたにとって嫌なことが起こるケースがあります。

それは、「キャンセル」です。

多くのお客様は最後の感情を覚えているものです。

最後の感情がマイナスであれば、ちょっとしたことでもキャンセルにつながるケースがあるので、十分に注意するようにしてください。

何も難しいことではありません。

淡々と契約の作業を進めて、後は丁寧にお礼を告げて帰ってくればよいのです。

それさえきちんとできていれば、キャンセルなどという困った事態が起こることはなくなります。


さて、いかがでしたでしょうか？

「ステップ①　自己紹介&確認の一言」に始まり、「ステップ②　将来の見込み客の『買う気』を育てる」「ステップ③　商談から契約」――。

ここまでのところでお話してきたことを実践していただければ、間違いなくこれまでよりはるかにラクに新規のお客様を獲得することができるはずです。

でも、なかには「紹介をもらう方法も知りたい」という方もいるかもしれませんね。

そこで、次の第5章では**「紹介を獲得する方法」**をお話することにします。

少し自慢めいてしまいますが、私は年間１００人を超える紹介をいただいています。

なぜ、そんなに紹介が出るのか？

何をすれば紹介が出るのか？

すべてお話することにしましょう。

第5章

じつにシンプル、このフォローで「紹介の輪」が驚くほど広がる！

1 「紹介の輪」を広げるための4つの方法

さて、ここまでのところでは、「一生断られない営業法」の根幹をなす新規のお客様を獲得するための方法について見てきました。

しかし、それに加えて、**「紹介」**から契約になるお客様が出てくれれば、これほど素晴らしいことはありませんよね。

そこで、この章では私が年間100件を超える紹介を獲得しているノウハウについてお話することにしましょう。

次ページの図をご覧ください。

私が「紹介」をもらうために実践している方法は、主にここにあげた4つです。

一見すると、何か大変なことをしているように思うかもしれませんが、1つひとつに分解すれば、とても簡単で、だれにでもできることです。

それでは、さっそく詳しく見ていくことにしましょう。

「ステップ④ 驚くほど『紹介』の出るフォロー」の全体像

方法①　既存客に直接、紹介を依頼する

方法②　依頼をせずに紹介してもらう

方法③　既存客のフォローで紹介をもらう

方法④　キーパーソンを押さえてセミナーを開く

▼
▼

これらに加えて
「紹介をいただいたときの5つの心がまえ」を
押さえておけば、
面白いように「紹介」がもらえる！

2

［紹介を獲得する方法①］

既存客に直接、紹介を依頼する

まず、「紹介」をもらううえで、一番簡単な方法が、**「既存客に直接、紹介を依頼する」**というものです。

「だれかいい人を紹介してください」

この言葉をストレートにお客様にいえて、しかも紹介が次々ともらえる方は、その方法を続けてください。

ところが、このストレートな言い方で紹介をもらえることは、残念ながらほとんどないのが実情です。私の場合、20人に話して１人紹介が出てくる程度。ときには１人の紹介も出ないこともありました。

そもそも私は、「だれかいい人を紹介してください」と言葉にすること自体をとても苦手としていました。

だから私は、あるときから言い方を換えて紹介を依頼しています。

では、その言葉とは何か？

「私は紹介を必要としている営業マンです」

じつは、この言葉には、私自身が紹介を依頼するときのストレスを取り除く効果があるのです。実際、「だれかいい人を紹介してください」はお客様に対して依頼（お願い）をしている形になっていますが、「私は紹介を必要としている営業マンです」という言葉は、単に自分のことを話しているだけで、直接紹介を依頼しているわけではありません。

これは、私にとって本当に大きいことでした。

しかも、面白いことに、お客様にとっては同じことに聞こえているようなのです。営業マンである自分自身がストレスを感じずに、紹介を必要としていることを伝えられる――。

ありがたいことに、私の場合、この言葉をいうようになって以来、それまでよりも紹介が出るようになりました。

ちなみに、この言い方にはいくつかバリエーションがあります。

①「私は紹介でこの仕事を続けています」
②「紹介していただけると、とても嬉しいです」

たとえば、こんな具合です。

私「じつは、先日もお客様からご紹介をいただきまして、とても嬉しかったんです」
お客様「牧野さんは、紹介なんかなくても十分にやっていけるんじゃないですか？」
私「いいえ、そんなことはありません。私はお客様からの紹介で何とか今の仕事を続けさせていただいています」
お客様「そうなんですか？　わかりました。じゃあ、考えておきますね」

このような会話になると、紹介が出る可能性が2倍に上がります。つまり、20人に話をして2人紹介が出るのです。

でも、まだ2人ですよね。じつは、もっと紹介が出る依頼のしかたがあるのです。

3 直接、依頼をするときの言い方にはコツがある

さっそく話を進めましょう。

お客様があなたにだれかを紹介しようと思ったとき、とても困ることがあります。

それは、「だれを紹介すればいいの？」ということです。

あなたが、どんな人を紹介してほしいと思っているのか？

どんな人を紹介すれば、あなたの役に立つのか？

これがわからないために、お客様は「だれかを紹介してあげよう」と思った瞬間から困ってしまうのです。

したがって、あなたがお客様に伝えるべきことは、**「紹介してほしい人の条件」**ということになります。

わかりやすくいえば、**「紹介してほしいのは、こんな人」**というのを具体的に詳細に伝えることが大切になるのです。

たとえば、次のようになります。

- ●お子様と同じ幼稚園に通っているお子様のお母さん
- ●先ほど伺ったときに玄関先でお話していた奥様
- ●会社で机を並べているお知り合い
- ●会社の同期で仲のよい人
- ●中学・高校で一緒にクラブ活動をしていた仲間
- ●ゴルフや釣りなど趣味の仲間
- ●ご主人や奥様の親・兄弟
- ●日頃からお世話になっている人
- ●尊敬している上司・先輩
- ●ライバル社の製品を使っている知り合い

このように具体的に絞れば、いくらでも出てくると思います。

この例を参考にして、あなた自身の商品で考えてください。

ここで、あなたはこんなことを思ったかもしれません。

「絞ると紹介先が減ってしまって、紹介が出ないんじゃないの？」

実際、多くの営業マンからそういわれるのですが、じつは反対なのです。

紹介してほしい人を具体的に絞らずにお願いすると、お客様はだれを紹介すればよいのかがわからなくなってしまいます。だから、結果的に「わからないから紹介できない」となってしまうのです。

ちなみに、紹介してほしい人を具体的に絞って、なおかつ紹介をもらうには３つのポイントがあります。

①お客様の年齢や家族構成を考えて、どのルートに友人や知り合いが多いのかを考える
②ご主人だけではなく、奥様のご兄弟や両親のことも商談中に尋ねておく
③最初からはなかなかうまくいかないことを肝に銘じて二度、三度、四度とチャレンジする

私の後輩の話ですが、お客様との商談のときに家系図を描いてもらって、契約後に「この人を紹介してください」とピンポイントで紹介依頼をして成功している営業マンもいます。

いずれにしても、こうして紹介してほしい人を具体的に明確にして依頼すると、紹介が出る割合は2割に上がります。

つまり、20人にお願いして4人の紹介が出るようになります。

これは、かなり高い確率ですよね。

しかし、じつは**「依頼をせずに紹介が増えてしまう」**という魔法のような方法があるのです。

さっそく次の節で説明することにしましょう。

4

［紹介を獲得する方法②］

依頼をせずに紹介してもらう

先の節の最後のところで、「依頼をせずに紹介が増えてしまう」方法がある、といいました。

ここで217ページの図をご覧ください。

少し図の解説をすると、こうなります。

①最初に知り合いの主婦のAさんと契約になった

②そのAさんから友人のBさんを紹介され契約になった

③Bさんから上司のCさんを紹介され契約になった

④Cさんから社長のDさんを紹介され契約になった

このような場合に、この「紹介の輪」をさらに広げる方法があります。

それは、「お礼の連鎖」をつくってしまうということです。


Bさんから契約をいただいたときは、だれもがAさんにお礼をいうと思います。

これは当然のことですよね。

違うのは、ここからです。

「お礼の連鎖」を広げる場合には、Cさんから契約をいただいたときに、BさんとAさんの2人のお客様にお礼をいうのです。

さらにDさんから契約をいただいたときにはCさん、Bさん、Aさんと3人のお客様にお礼をいいます。

では、これは何を意味するのか?


「契約のたびにお客様にお礼がいえる」ということ。

実際、CさんやDさんから契約をいただいたときにAさんにお礼の電話をすると、次のような会話になります。

「お礼の連鎖」で紹介のチャンスを増やそう

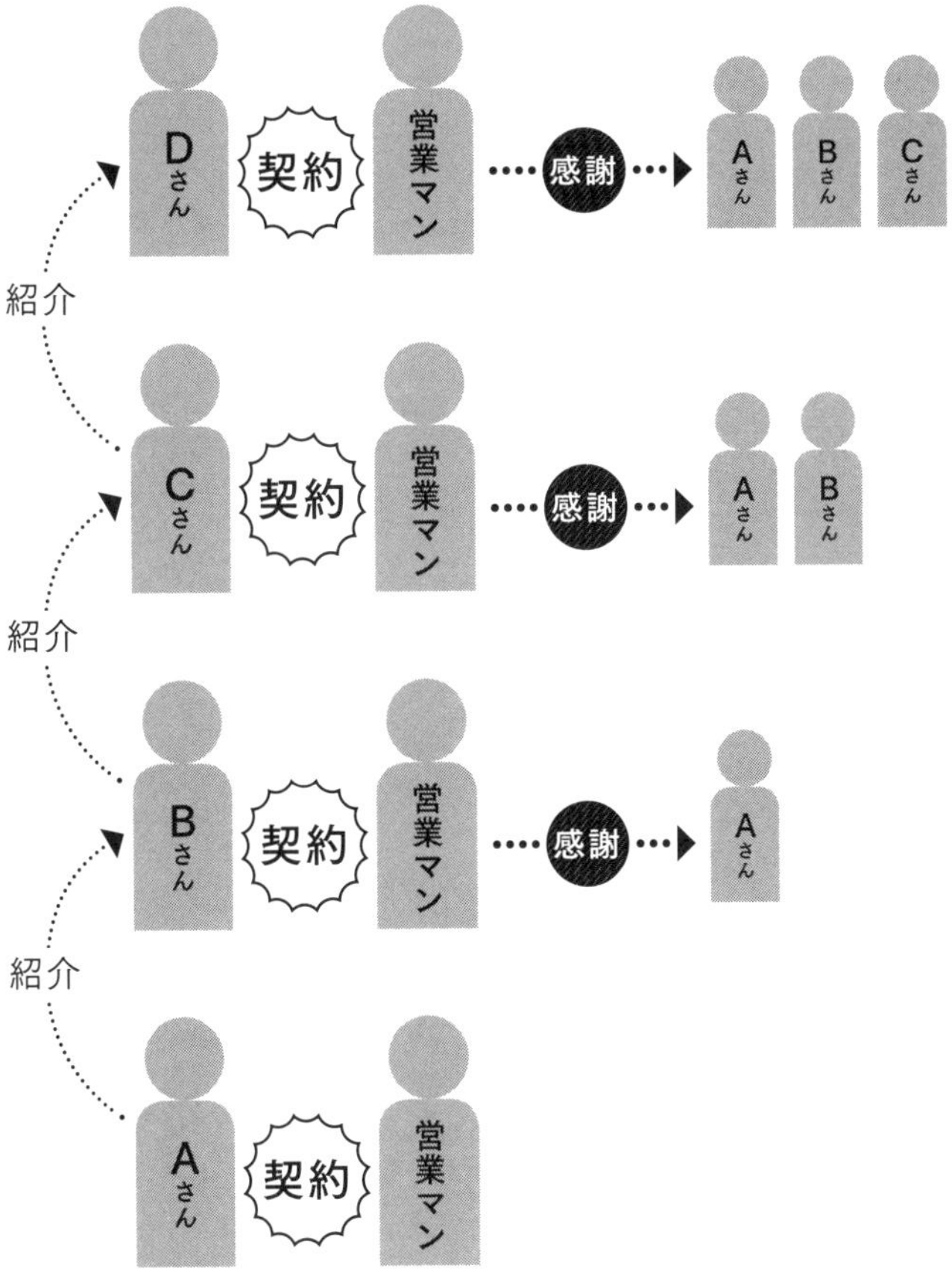

電話や訪問で
「感謝の気持ち」を伝えるだけでＯＫ！

Aさん 「牧野さん、私はBさんを紹介しただけで、CさんやDさんを知らないのよ。だからお礼なんて必要ないのよ」

私 「はい、そうなのですが、最初にAさんからBさんを紹介していただいたことがキッカケですから、お礼をいいたいのです」

当然、Bさんとの間でも同じような会話になります。

つまり、お客様との会話が、必然的に**「感謝の気持ち」**を伝える会話となるのです。

感謝ばかりしている私は、確実に幸せになると思いませんか？

と同時に、何度もお礼をいわれるお客様も幸せな気分になります。

Aさんはまた何か機会があれば紹介してくれますし、Bさんも同じような気持ちになって紹介してくれます。

さらにはCさん、Dさんも将来は紹介者になってくれるのです。

人はだれでも、お礼をいわれると、自然とよい気分になりますよね。

「私は、この営業にとって、なくてはならない大切な存在かもしれない」

このようにお客様が感じてくれると、素晴らしいサイクルが回り始めます。

人間がだれしももっている**「他人から必要とされる存在でありたい」**という気持ちが刺激され、お客様は自らの意志で紹介してくれるようになります。

ただし、この「お礼の連鎖」は途切れやすく、またすぐに消えてしまうものです。

だからこそ、常に「お礼の言葉」でお客様とつながっていることが大切です。

私の場合は、この「お礼の連鎖」を常に10本確保しようと努力しています。


やるべきことは、お客様に電話や訪問で感謝の気持ちを伝えるだけ――。


だれにでもできることです。

とくに準備もいらないし、お金もかかりません。

いかがでしょうか？

お客様にお礼ばかりいっている営業マン。

こんなに幸せな営業は、多くはいないと思います。

あなたも「お礼の連鎖」をつくって、ぜひお客様とよき関係を築いてください。

5

［紹介を獲得する方法③］

既存客のフォローで紹介をもらう

「紹介」というものは、基本的に**「既存客」**から出るものです。

したがって、商品を買っていただいたお客様をきちんとフォローすることこそ、紹介をもらううえでは大切なポイントになります。

といっても、やることは簡単です。第3章でお話した「後から客」を囲い込む際に使ったツールのいくつかを、既存客にも送るようにすればよいのです。

具体的には、以下の4つです。

- 定期便
- バースデーカード
- 毎月メールマガジン
- 時々セールスレター

契約後にも「定期便」や「バースデーカード」などが送られてくる――。

すると、お客様はこう感じるようです。

「いろいろなものが牧野から送られてくるなあ」

そして、そのたびに私のことを一瞬、思い出すというのです。

もちろん、送り始めて1年程度の頃は、何も起こりません。

しかし、これが何年も続くようになってくると、少し違ってきます。

たとえば、お客様自身が再度買いたいと思っているときにツールが届くと、追加契約の電話をかけてくれることがあるのです。

直近に友人や知り合いから商品について尋ねられていたときは、紹介の電話をかけてきてくれることもあります。

すでにお話したように、私の場合、「定期便」は3カ月に1回出しています。

さらに「バースデーカード」や「毎月メールマガジン」「時々セールスレター」なども入れると、1人のお客様に年間20回近く何かしら届いていることになります。

だからこそ、お客様自身が再度買いたいと思ったときや、周囲の人との会話のなかで紹介の機会などがあったときに、タイミングを逃すことなく私の名前がお客様の目に入るのです。

また、ツールとは違うのですが、とくに効果の高いフォローとして**「バースデーコール」**というものがあげられます。

単に契約後、誕生日に毎年、電話をしているだけのことなのですが、この「バースデーコール」も何年か続くと、お客様はいつ私から電話がかかってくるのかがわかるようになります。すると、「もうすぐ牧野から電話があるから、だれか紹介できる人がいれば心がけておこう」となるケースが多いのです。

もちろん、扱っている商品によっては、お客様の誕生日を気軽に聞けないこともあるでしょう。その場合には、あまりムリに誕生日を聞くのもおかしいので、「バースデーコール」をしたり「バースデーカード」を出す必要はありません。

いずれにしても、

いつもお客様の近くにあなたの名前と連絡先があるようにしておく――。

これを心がけているだけでも、自然と紹介が出てくることは間違いありません。

6

［紹介を獲得する方法④］キーパーソンを押さえてセミナーを開く

紹介を獲得するために最後にお話しておきたいのが、私が一気に43人の紹介をいただいた方法です。

これは、何気ない会話から偶然、生まれたものなのですが、このやり方で現在までに200人を超える紹介をいただいているのですから、その効果は決して侮れません。

それは、ある奥様（契約者）がキッカケとなりました。

その奥様はマンションに住んでいて、50世帯が入居していました。

ご契約をいただいてから世間話をしていたときのことです。

奥様が何気なく、こうおっしゃったのです。

「私、このマンションの組合長をしているの」

その瞬間、私の頭にひらめいた言葉がありました。

ここからは、そのときの会話です。

私「奥様、このマンションの組合長は順番に回ってくるのですか？」

奥様「いいえ、違うわよ。だれもやらないから、ずっと私がやっているのよ」

私「今年で何年めですか？」

奥様「もう5年めよ」

私「そうですか。5年もなさっているのですね。きっとマンションの皆さんからも信頼されているのでしょうね」

奥様「まあ、私は世話好きだからね。それに皆が喜んでくれるから、私も嬉しいのよ」

私「それは素晴らしいですね。もしよかったら、このマンションの奥様を集めて、『失敗しない保険加入の裏技』という勉強会をしませんか？　きっと皆さん喜んでくれると思うんです」

奥様「そうね。いいわよ。私も牧野さんに教えてもらってよかったと思っているのよ。でも、どこに集まってもらえばいいの？」

私「厚かましいのですが、奥様のお宅のリビングをお借りできませんか？　私がこの地区で一番おいしいケーキを買ってきたら、奥様たちも喜んで集まってくれると思うのですが」

奥様「いいわよ。きっと喜ぶわ。ちなみに〇〇（ケーキ屋の名前）のケーキがいいわよ」

私「わかりました」

これがキッカケとなって奥様のお宅のリビングで**「ケーキセミナー」**が始まりました。

１回の「ケーキセミナー」の参加者は３人から５人に限定して、まずは仲良しの奥様から集めてもらいました。

そして、その奥様たちがまた声をかけてくれて、さらにまた他の奥様たちが声をかけてくれる――。

こうしてこの「ケーキセミナー」の輪が徐々に広がって、最終的に43人の紹介となったのです。しかも、この43人のなかにはマンション以外の奥様が18人もいたのです。

「ケーキセミナー」の開催方法と手順は、以下のとおりです。

①集まった奥様方に私を紹介してもらう

②おいしいケーキを皆で食べながら約15分から20分雑談。この雑談のなかで家族構成や

ご主人の職業など、聞ける範囲内のことを確認

③その後、30分くらいのセミナーを開催

セミナーといっても、パソコンの画面を奥様に向けて、雑談をしているかのように説明するだけ。パソコンが使えないときは、A４の紙に同じ内容をコピーして使っていました。内容は、以下の２つです。

●今までに私が見聞きしてきた生命保険加入の失敗例を３つ話す（この失敗例は、お客様自らが「失敗した」と私に相談してきたもののなかからピックアップ）

●それぞれのリカバリーの方法を話す

セミナーを成功させるに当たってのポイントは、**「失敗例を10個準備しておく」**ことです。そして、そのときに集まった奥様の年齢や家族構成を確認して3例選びます。何も肩肘張る必要はありません。参加した奥様が興味をもってくれれば、それで十分です。そのうえで、個別相談を希望された奥様にだけ対応すればよいのです。

参加者から個別相談になったのは８割、そのなかから契約になったのが５割でした。

振り返ってみると、このときの成功のポイントは、以下のようなことがあげられます。

●キーパーソン（世話好きの奥様）がお客様
●人を集めやすい（マンションで自治会がある）
●複数（１人では嫌がられるケースが多い）で、しかも最初は少人数から始めた

以来、私はあらゆるところで「ケーキセミナー」にチャレンジしました。

具体的には、機会あるごとに奥様などに声をかけるようにしていたのですが、20人に１人の割合で協力していただきました。結果、今までに50回を超える「ケーキセミナー」を開催し、契約していただいた人数も２００人を超えました。

「なんだ20人に１人か」と思うのか、「20人に１人もできるのか」とチャレンジするのかで、結果は変わります。

あなたの商品が、こういったセミナーを開催するのに向かないのであればしかたがありませんが、少しでも可能性があれば、ぜひチャレンジしてみてください。

7 紹介をいただいたときに忘れてはならない5つの心がまえ

さて、以上で私が日頃から実践している**「紹介をもらう方法」『紹介の輪』を広げる方法」**はすべてお話したことになります。

とくに難しいことはしていないと思うのですが、いかがでしょう?

ここで、この章のしめくくりとして、とても大切なことをお話しておきたいと思います。

それは、「紹介をいただいたときの心がまえ」についてです。

紹介をいただいたときというのは、だれしも嬉しいものです。

しかし、だからといって浮かれてばかりいては、とんでもない落とし穴にはまってしまうので注意が必要です。

さっそく、話を進めることにしましょう。

一営業マンとして走り続けてきた私も、最近になって、人から「だれかいい人を紹介してください」といわれるようになりました。

虫のいい話ですが、いざ自分が紹介する側になって、初めて気がついたことがあります。

それは、「紹介をする側（紹介者）にとっては、紹介をする際の『心の負担』がとても大きい」ということです。

よく考えてみると、「だれかいい人を紹介してください」とは、

「あなたの人脈に私の商品を売らせてください」

「あなたの人脈を私に使わせてください」

とお願いされている、ということです。

したがって、

「はい、わかりました。何人でも紹介してあげるよ」

などと気軽に応じられるものではありません。

むしろ、

「そんな簡単にお願いされても困ります。また、何で私が自分の大切な人をあなたに紹介しないといけないの？」

と思う人のほうが多いことでしょう。

「自分が紹介することで紹介先に迷惑がかかったらどうしよう」

「紹介してもうまくいかなかったら、営業マンにも手間をかけるだけだし……」

「紹介したことで友人との人間関係が壊れたら困るなあ」

紹介者は、そうした不安を乗り越えて、あなたに貴重な人脈を紹介してくれているのです。

したがって、あなたは必ず以下のことを守るようにしてください。

①紹介者に必ず心からお礼をいう

紹介者は、あなたのために大切な人脈を使ってくれるのです。本当にありがたいことですから、心から丁寧にお礼をいいましょう。

どれだけお礼をいっても、いいすぎになることはありません。

②商談の状況を紹介者に小まめに報告する

紹介者は、自分が紹介した人とあなたとの商談がどうなっているのかが気になっているものです。したがって、商談の状況は小まめに報告しましょう。そのことが紹介者を安心させることにもなります。

③紹介者の威光を強く使うのは厳禁

当たり前のことですが、商品を買うことの決定権は１００％お客様がもっています。紹介されたからといって、必ず契約になるわけではありません。まずはそのことを認識しておきましょう。

また、仮に紹介者が強大な力をもっている人だからといって、その威光を使って契約を強要してはいけません。二度と紹介が出なくなるだけでなく、紹介者の契約まで解除になる危険性も出てきます。決して紹介者の威光を強く使ってはいけません。

④契約になったら、すぐに紹介者にお礼の連絡をする

紹介者というのは、紹介した後どうなったのかということを、とても気にしています。紹介された人が喜んでくれたのか、または迷惑していないか？

とても心配なのです。

したがって、私は契約になったときには、何をおいても紹介者にお礼の電話を入れるように心がけています。

そのうえで、紹介された人にも、必ずこうお願いすることにしています。

「今回、ご紹介くださいました○○さんが、とても気にかけているようです。だから紹介者の○○さんに1本電話を入れていただけませんか？」

そうすると、たいていの場合、紹介された人が紹介者に電話をしてくれます。

しかも、9割以上の方が、次のように報告してくれます。

「紹介してもらってよかったよ」

この1本の電話が入ることで、どれだけ紹介者がホッとしたり、喜んでくれたりするこ

とでしょう。

あなたも、契約になったときには、必ず紹介者に報告することを心がけてください。

そして、紹介された人にも電話をするようにお願いしてみてください。

それが、「次の紹介」を生み出すことにもつながるのです。

⑤紹介された人にも「次の紹介」のお願いをする

せっかく新たに関係を築くことができた貴重なお客様です。

ここで紹介が途切れてしまうと「紹介の輪」は広がりません。

ぜひ、「次の紹介」へ向けて行動してください。そのための方法は、この章で詳しくお話しました。

誠実に行動していれば、きっといつか紹介につながることでしょう。

さあ、以上で紹介を獲得するための方法、さらにはその際に必要な心がまえについてすべて説明しました。

前の章まででお話したことに加えて、この章で説明したことをしっかりと身につけていただければ鬼に金棒、もう何も怖いものはありません。

あなたが**「売れる営業」**になるための準備は、すべて整いました。

後は実践あるのみです。

ぜひ、そのための第一歩を明日からでも、いや、たった今から踏み出してください。

おわりに

「売れる営業」から「売れ続ける営業」になるために大切なこと

最後までお読みいただきありがとうございました。

「よし、自分も『一生断られない営業法』を実践して、必ず『売れる営業』になってみせるぞ！」

もし、そう思っていただけたら、著者としてこれに優る喜びはないのですが、なかにはまだこの営業法の効果に半信半疑な方もいるかもしれません。

「本当に見込み客が増え続けていくのだろうか？」

「また、『売れない営業』に戻ってしまうかもしれない」

でも、大丈夫！　安心して実践してください。

「一生断れない営業法」は、私が成果を出し続けているだけではなく、14年間教え続けてきた研修受講生のほとんどすべての方が、「売れる営業」になっているのですから。

ただし、最後に1つだけ注意しておいてほしいことがあります。

それは、**「一生断られない営業法」**を実践しただけでは、**「売れる営業」**になれても**「売れ続ける営業」になれない**、ということです。

では、「売れ続ける営業」になって、毎年ＭＤＲＴや会社の年間表彰を達成している人と、「売れ続けない営業」の違いはどこにあると思いますか?

その最大の違いは、**「お客様のことを心の底から大切に思う気持ち」の大きさ**だといえます。

たしかに誰しも、「お客様は大切です」と口にすることでしょう。でも、大きさが違うのです。これが「売れ続ける営業」と「売れ続けない営業」の決定的な差です。

たとえば、営業マンである以上「数字」は避けて通ることはできないものです。したがって、数字を追い求める姿勢というのは、どの営業マンにとっても必要なことです。しかし、これが数字だけを追い求めるようになったとしたら、どうでしょう?

お客様は営業マンの気持ちに敏感です。テクニックに頼っているだけでは、そう遠くない将来、「売れない営業」に戻ってしまうということにもなりかねません。

ちなみに私が営業の仕事をしていて一番勇気づけられるのは、お客様から「ありがとう」「あなたに出会えてよかった」「あなたから買ってよかった」という言葉をいただくことです。極論すると、この言葉を求めて働いているといっても過言ではないかもしれません。

私にとって、この言葉はお金では買えない最高の報酬なのです。お客様からいただく感謝の言葉を自分の喜びとして感じる。そうして、自分の喜びを求めることが、そのままお客様の喜びにもつながるのです。

この「お客様のことを心の底から大切に思う気持ち」なくして、「売れ続ける営業」にはなれないと考えています。


あと1つあげるとしたら、**「人生目標と夢をもっている」**ことです。

いくら「売れる営業」になっても、ときにはスランプに陥ったり、失敗したり、トラブルに巻き込まれたり、試練がきます。そんなとき「人生目標と夢」がある営業は試練に負けません。かくいう私自身、試練が訪れたときに「人生目標と夢」をもち続けることで、どれだけ乗り越えられたかわかりません。

「人生目標と夢をもっている」営業マンほど強いものはないのです。

ぜひ、あなたならではの「人生目標と夢」を持ってください。

最後になりますが、今の私になれたのは多くの皆様の応援と協力があったからです。
その全員の方に感謝の言葉を述べさせてください。
一番は妻と家族。そして弊社社員の皆様。
弊社の研修やセミナーに参加してくださった多くの受講生の皆様。
私を信頼して会社の研修を担当させてくださったクライアントの皆様。
私を保険の担当者として信頼してくださった多くのお客様。
今回、リメイクを依頼してくださった大和出版の竹下聡様と礒田千紘様。
本当にありがとうございました。
皆様からいただく温かい言葉と心からの応援が私の元気の素です。
「牧野さんと出会えてよかった」
この一言が、私に勇気と元気を与えてくれるのです。
この本を最後まで読んでくださったあなたに、私の大好きな言葉を送ります。
「素直に、謙虚に、常に挑戦者たれ」
あなたとの「出会いに感謝」です。

牧野克彦

日々の営業に
役立つ情報をお届けします

メールマガジン登録

ちょっとした気づきや心がけで大きく結果が変わります。そのため情報をお届けします。

https://wishup-s.com/sp/ent/e/jy7k5H8kaMLYRYtG/

facebook

私の生き方や考え方から、日常の出来事まで幅広く発信しています。

https://www.facebook.com/katsuhiko.makino.7

書籍・DVD

この本では伝えきれなかった具体的なノウハウやトークをCD・DVDにしてあります。車の移動中に会社や自宅でじっくりと学んでください。

http://e-wishup.com/mces/index/00228

営業研修のお知らせ

定期的に開催する営業研修の案内が記載されています。

http://www.e-wishup.com/

その他セミナーや仕事の依頼はまずこちらへメールください。

➡ info@wishup-s.com

株式会社ウイッシュアップ 代表取締役 **牧野克彦**

本書は『一生断られない営業法』（2009年、小社より刊行）を改題・加筆修正したものです。

世界《せかい》トップ1％の“一生断《いっしょうことわ》られない”営業法《えいぎょうほう》
ストレスゼロ、“魔法の一言”で契約数が劇的に伸びる！

2019年6月30日　初版発行

著　者……牧野克彦《まきのかつひこ》
発行者……大和謙二
発行所……株式会社大和出版
東京都文京区音羽1-26-11　〒112-0013
電話　営業部03-5978-8121／編集部03-5978-8131
http://www.daiwashuppan.com
印刷所……信毎書籍印刷株式会社
製本所……ナショナル製本協同組合
装幀者……井上新八

本書の無断転載、複製（コピー、スキャン、デジタル化等）、翻訳を禁じます
乱丁・落丁のものはお取替えいたします
定価はカバーに表示してあります
©Katsuhiko Makino　2019　　Printed in Japan
ISBN978-4-8047-1854-5